This Book Belongs To:

____

____

BONUS

Get your Free 50 Coloring Pages

On the Last Page!!

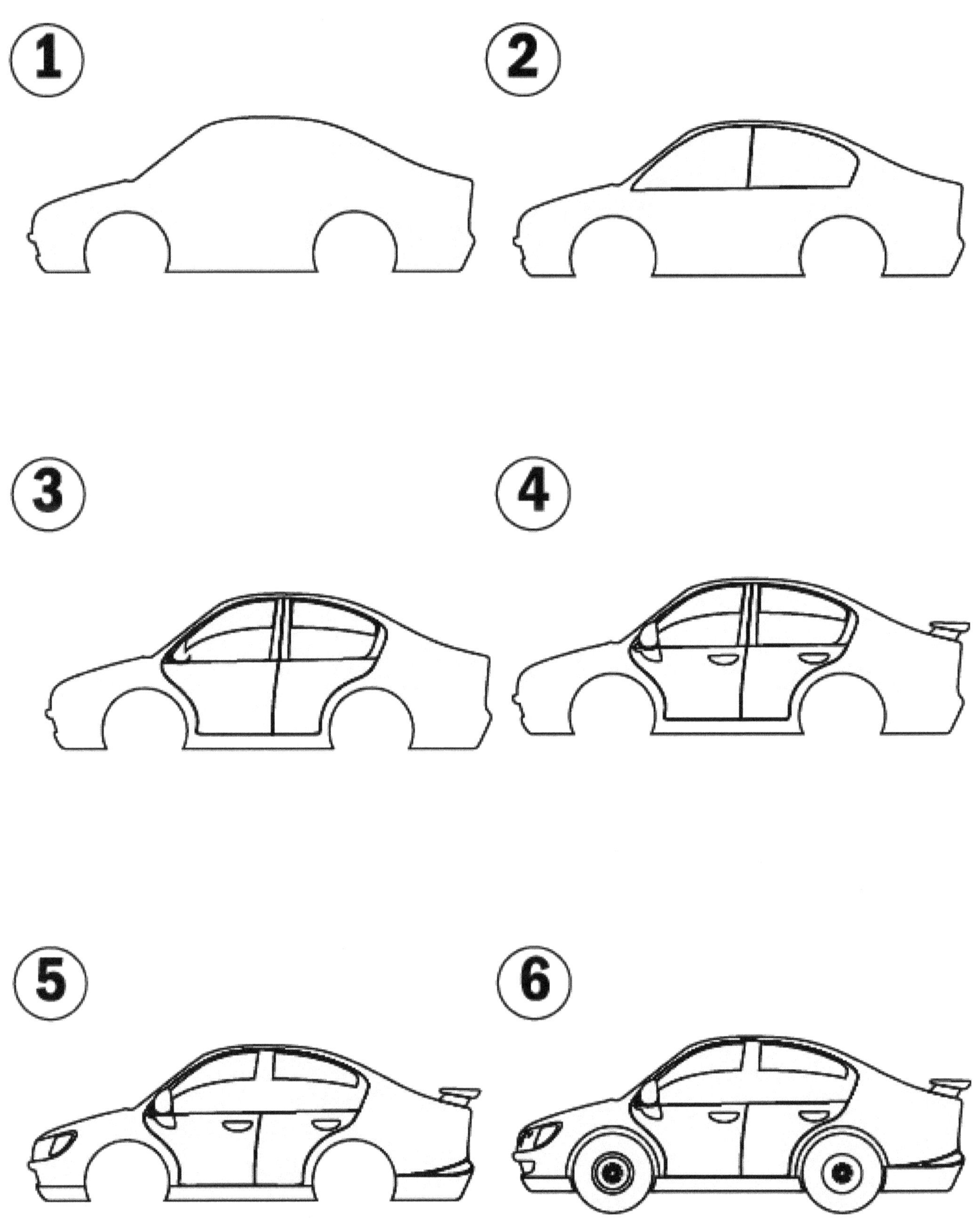

1
2
3
4
5
6

You Turn!

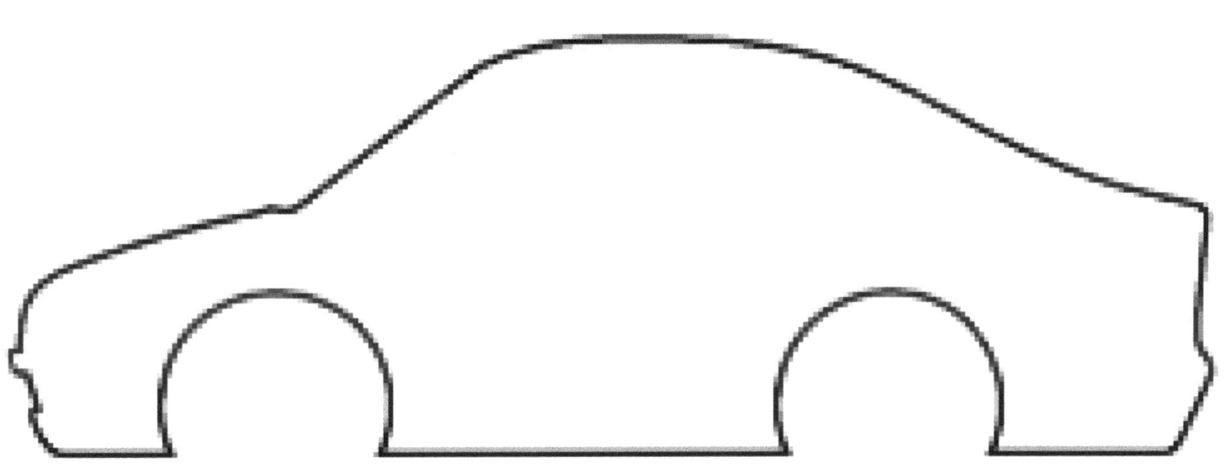

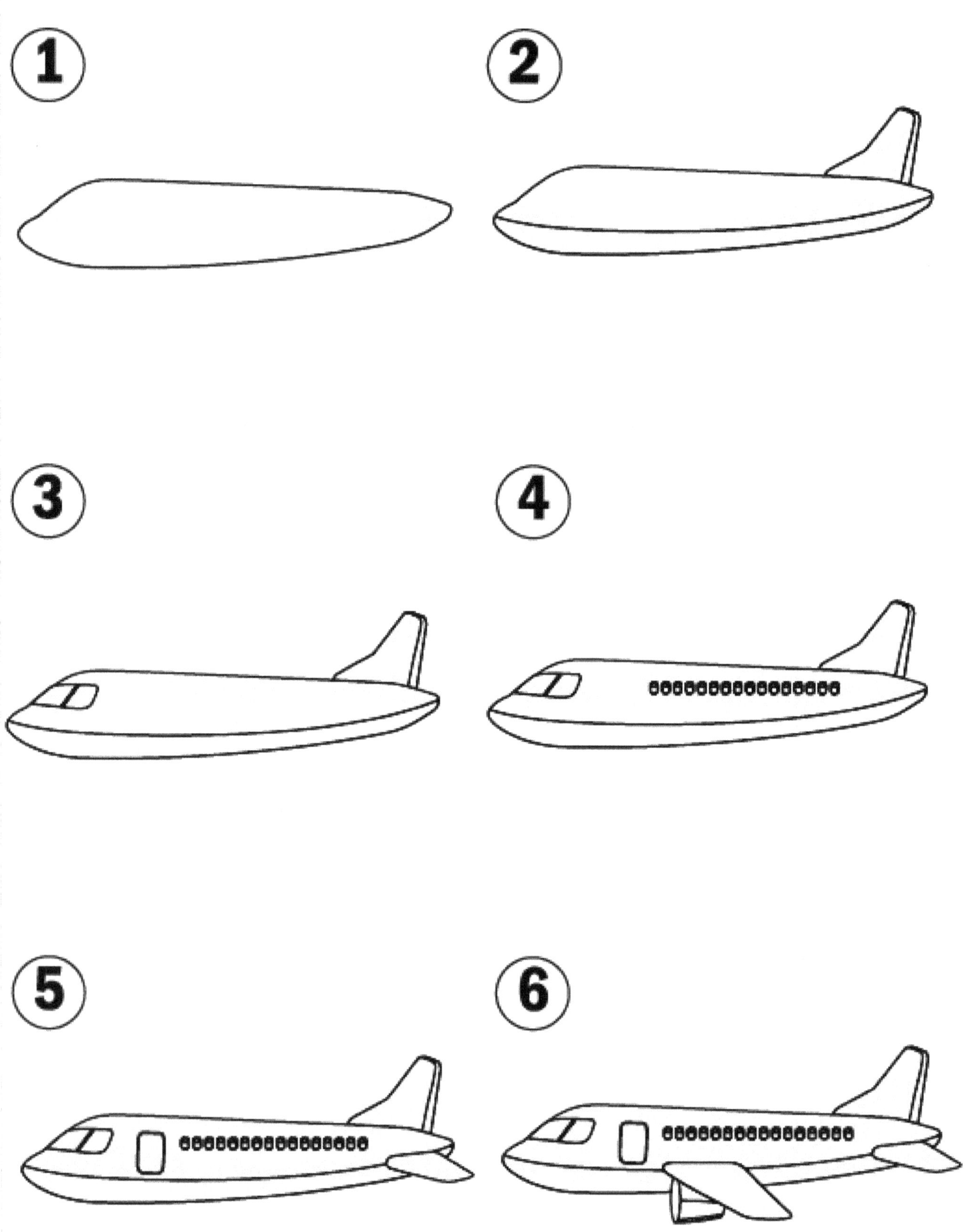

You Turn!

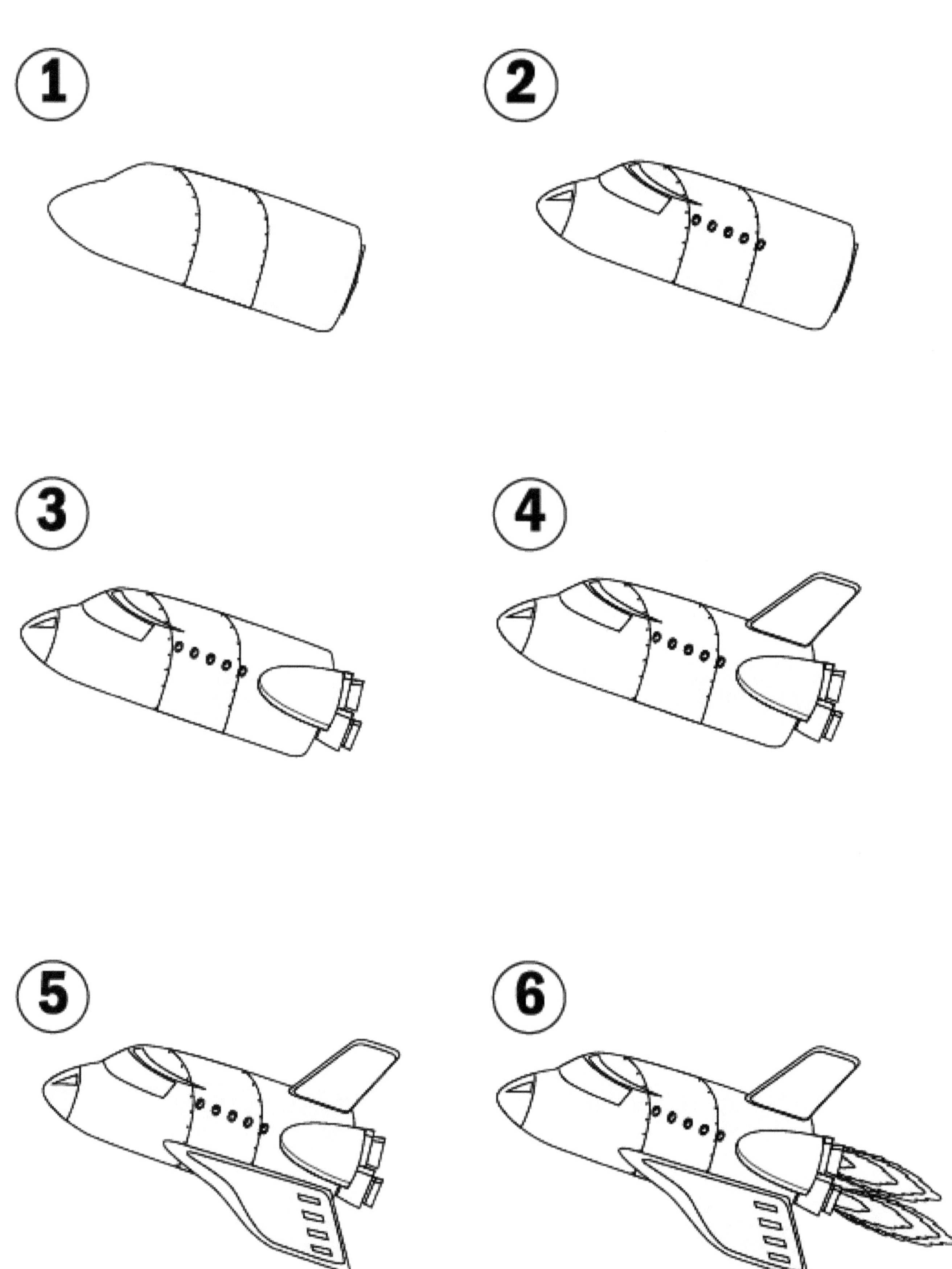

You Turn!

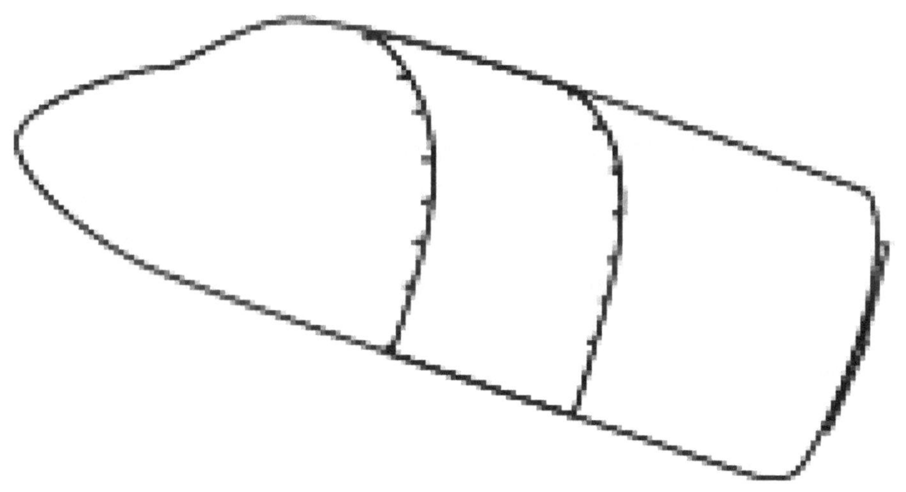

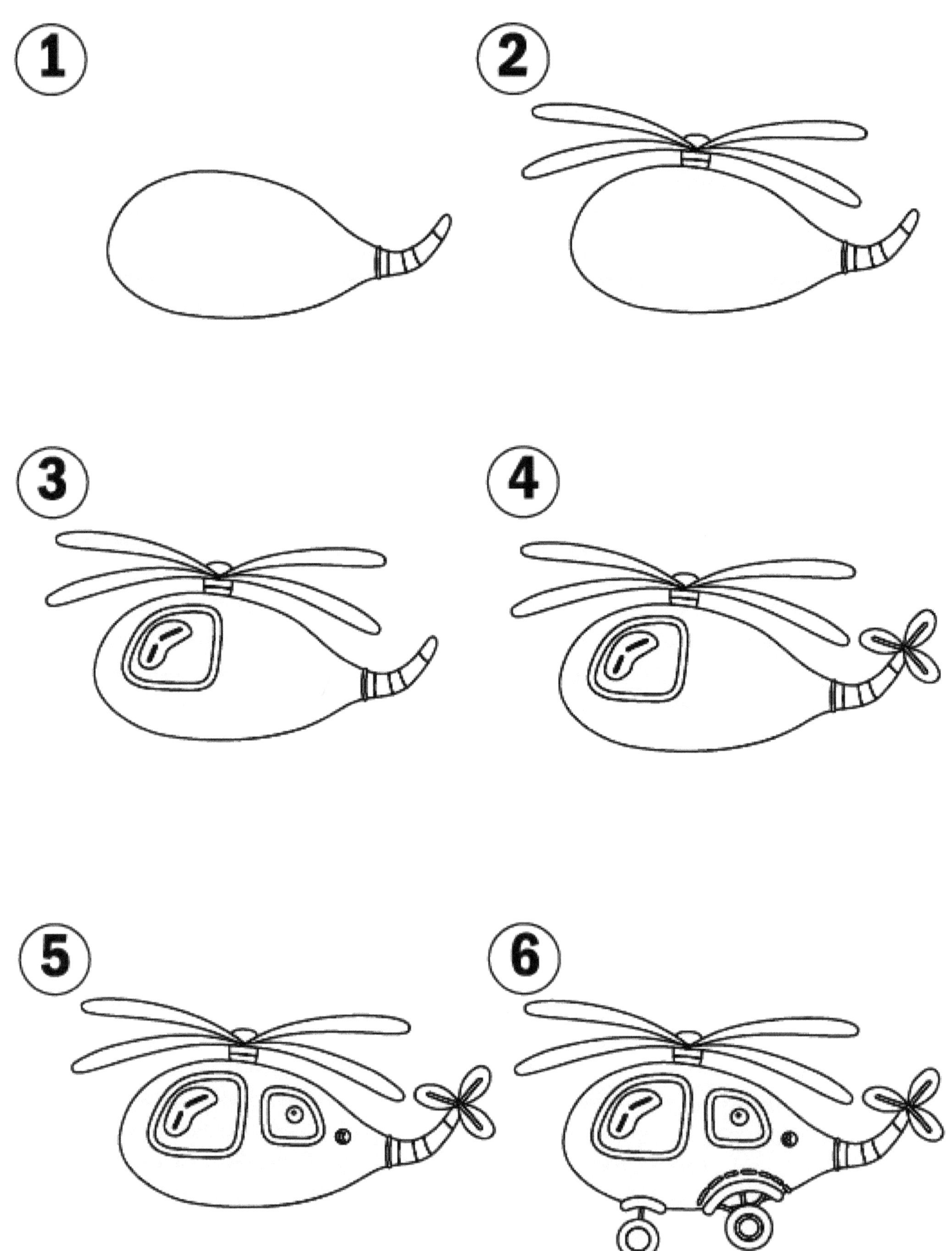

1
2
3
4
5
6

You Turn!

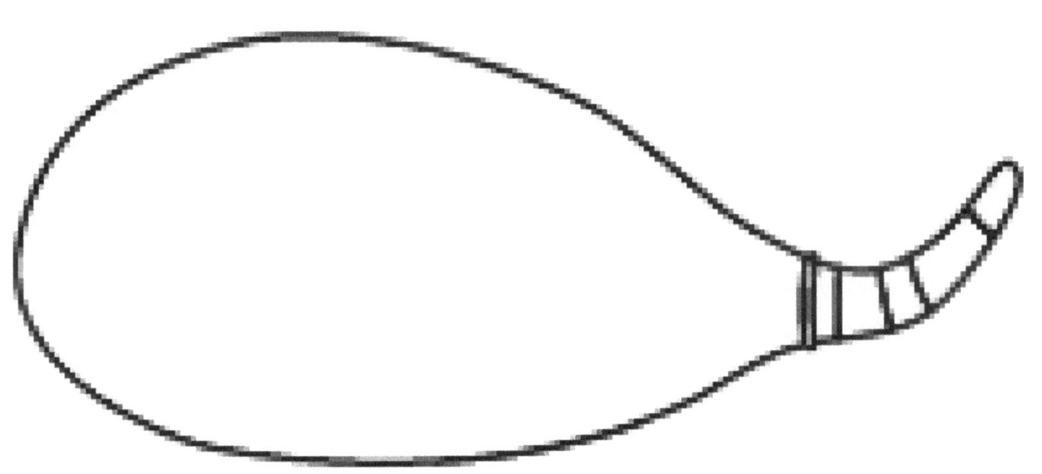

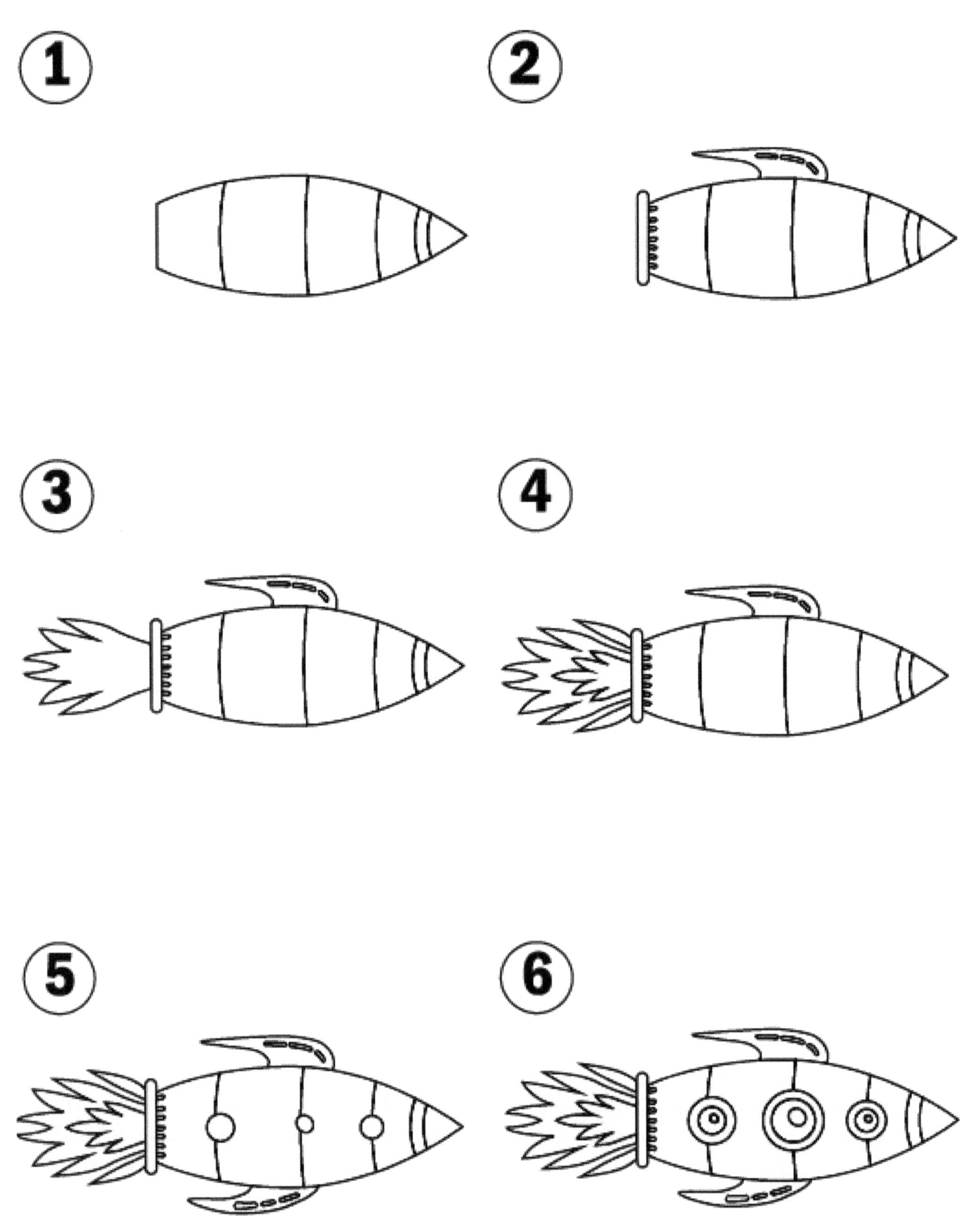
1
2
3
4
5
6

You Turn!

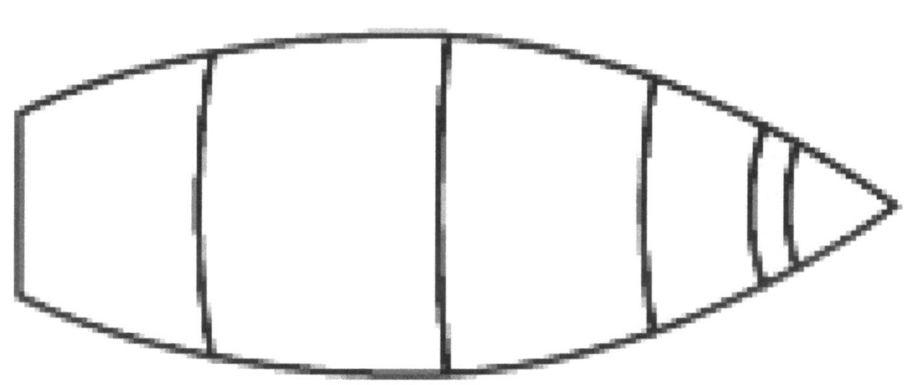

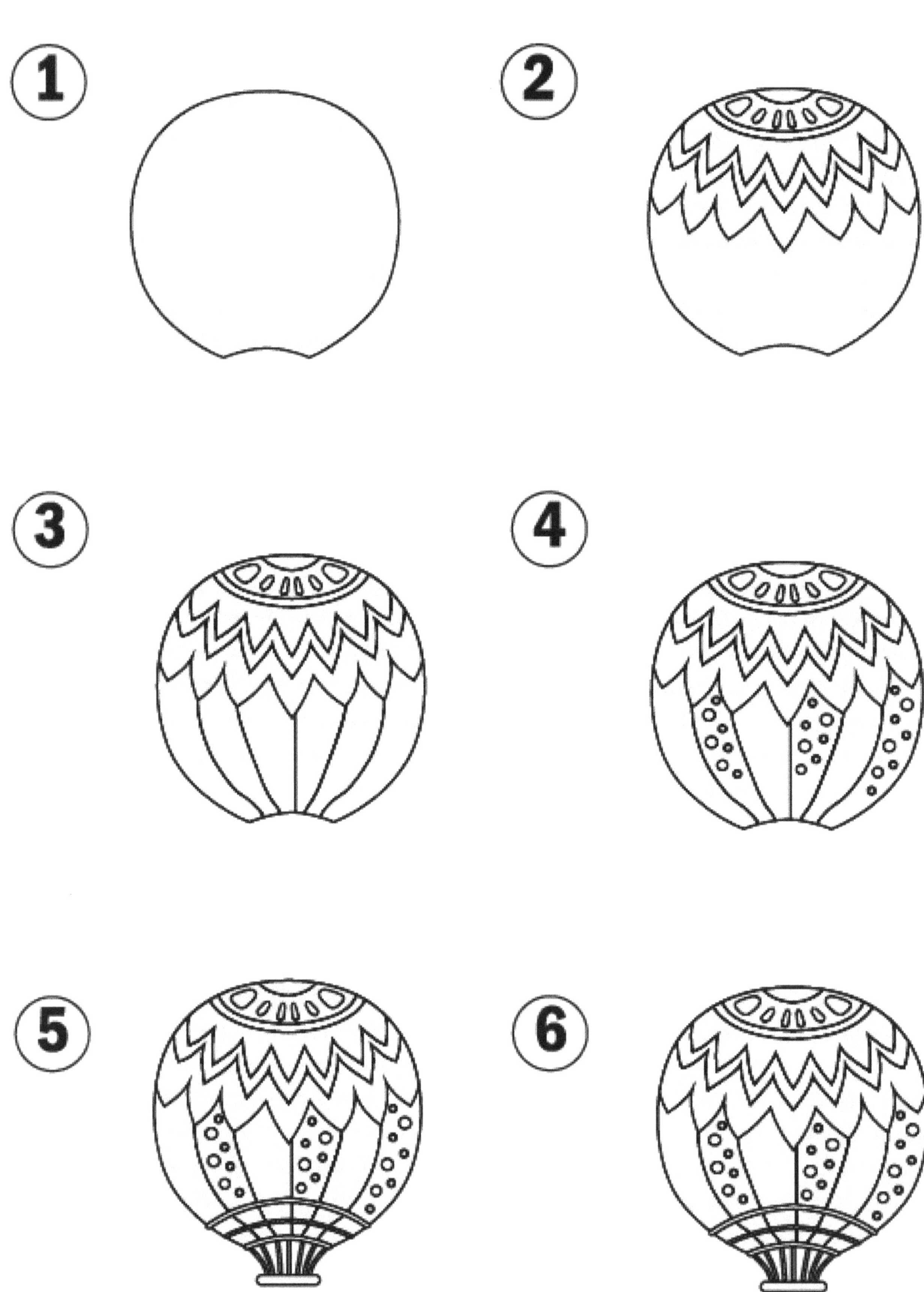

You Turn!

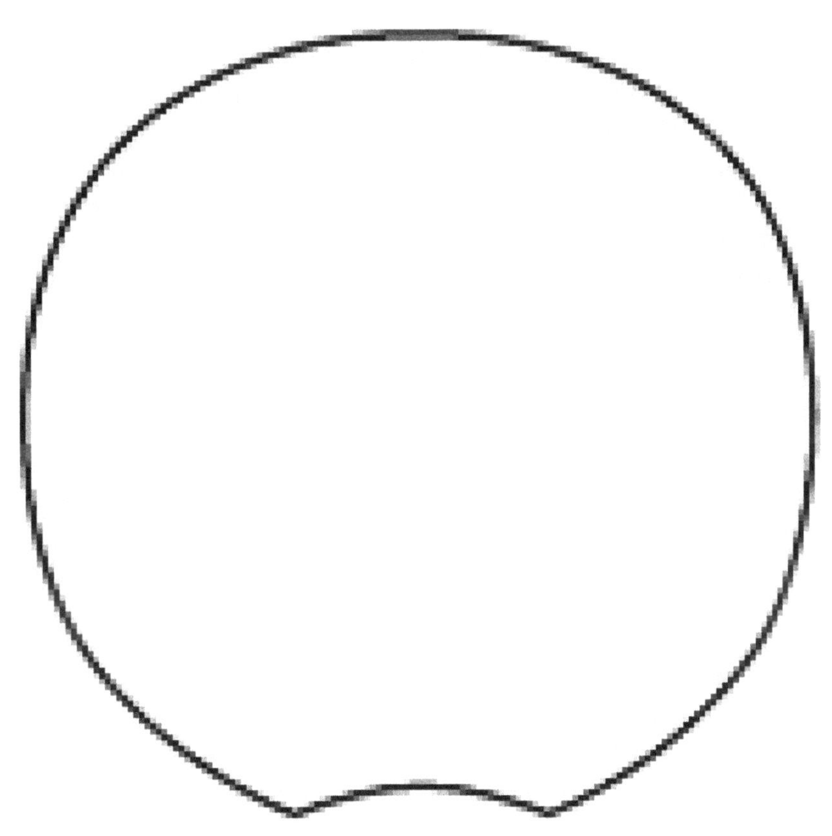

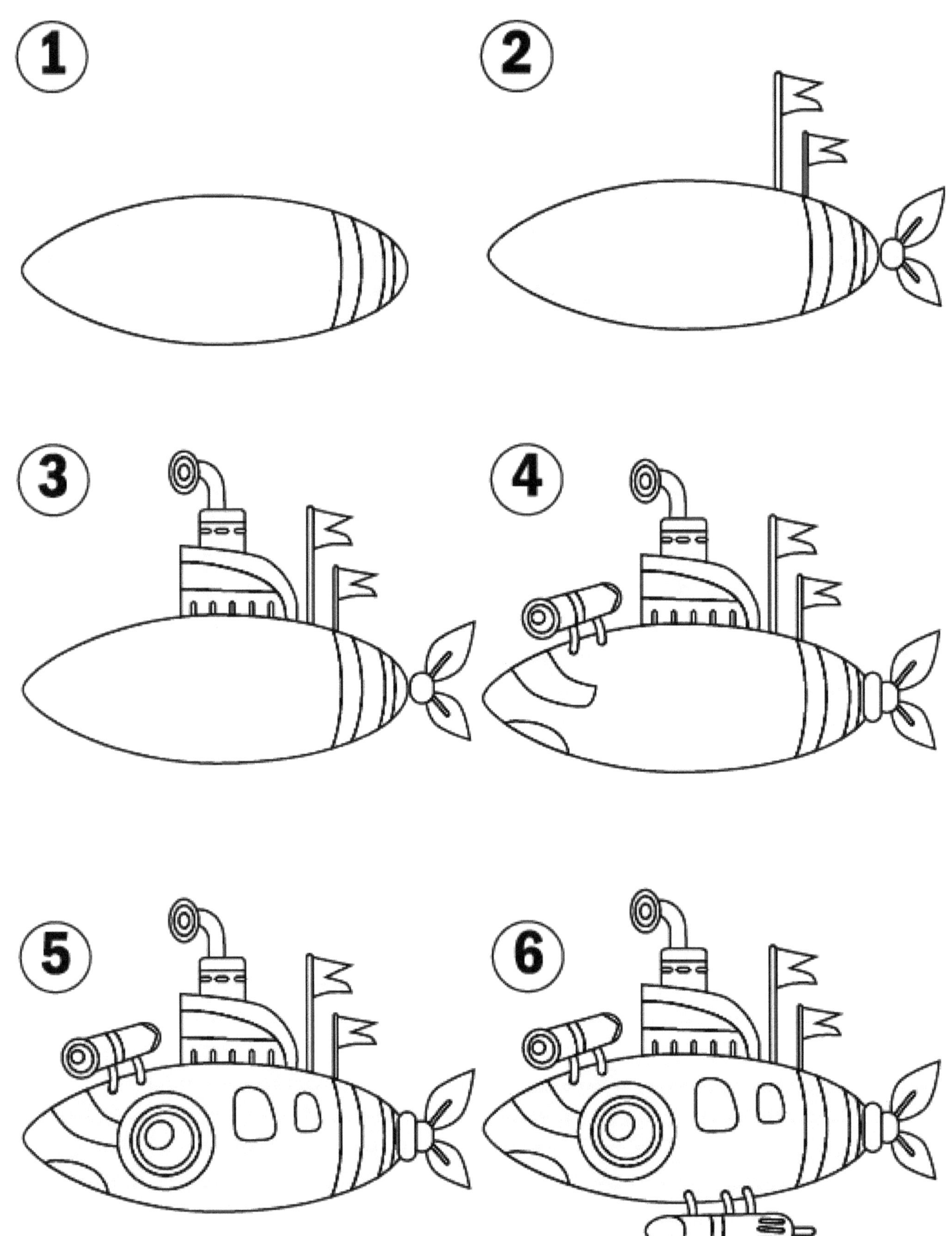

You Turn!

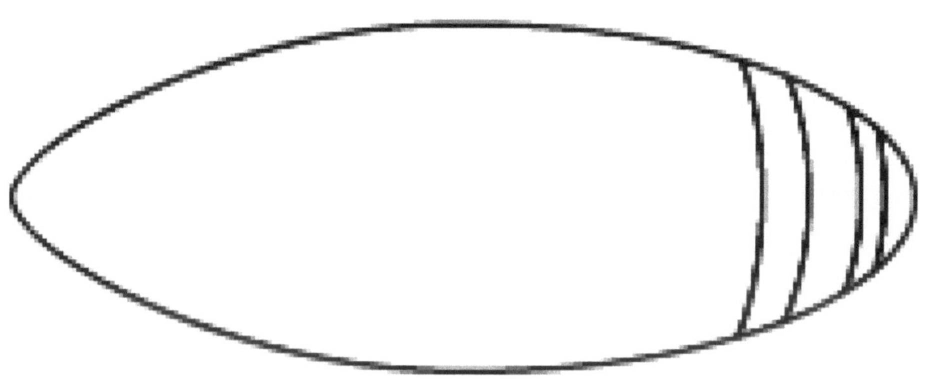

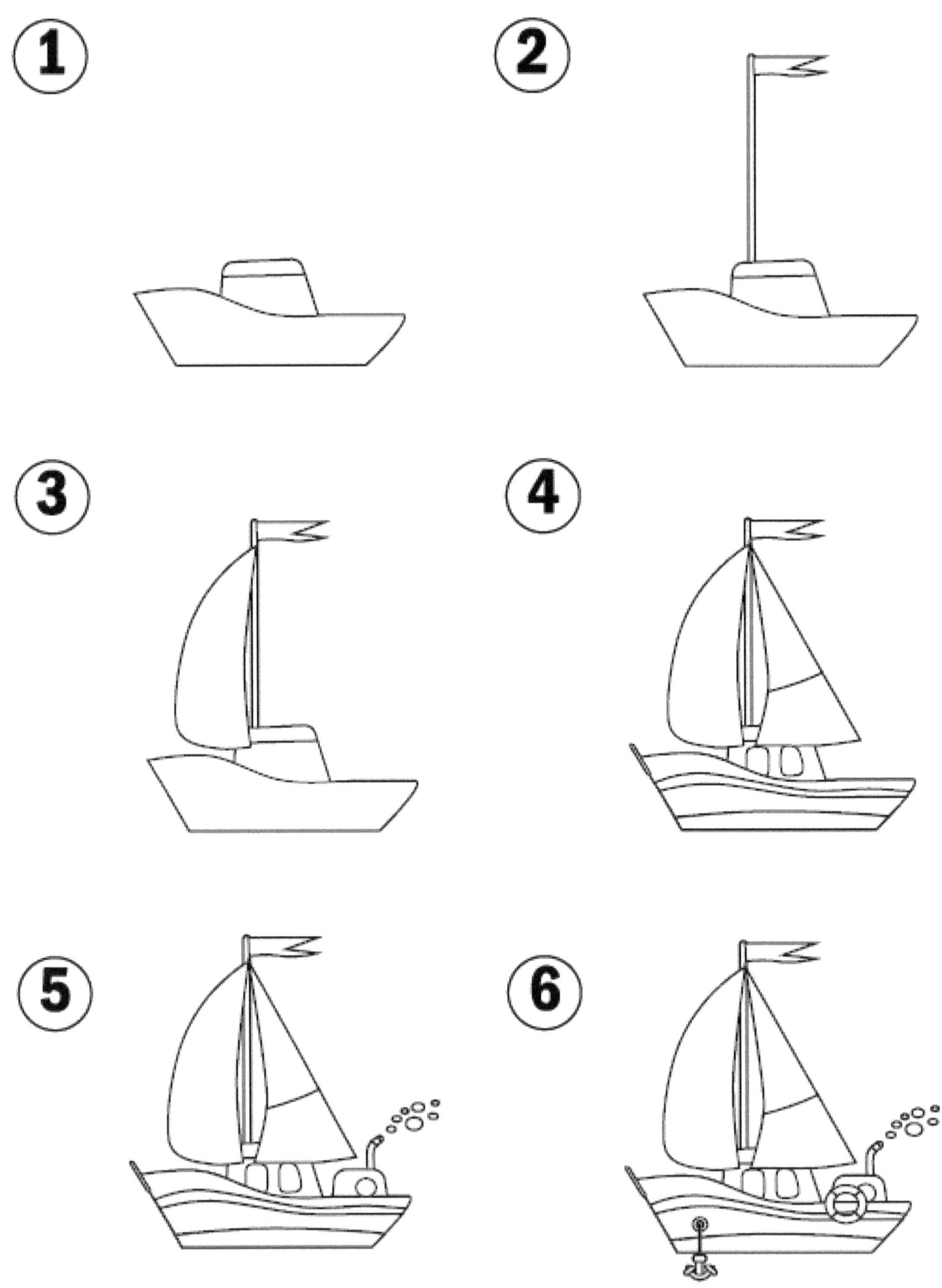

You Turn!

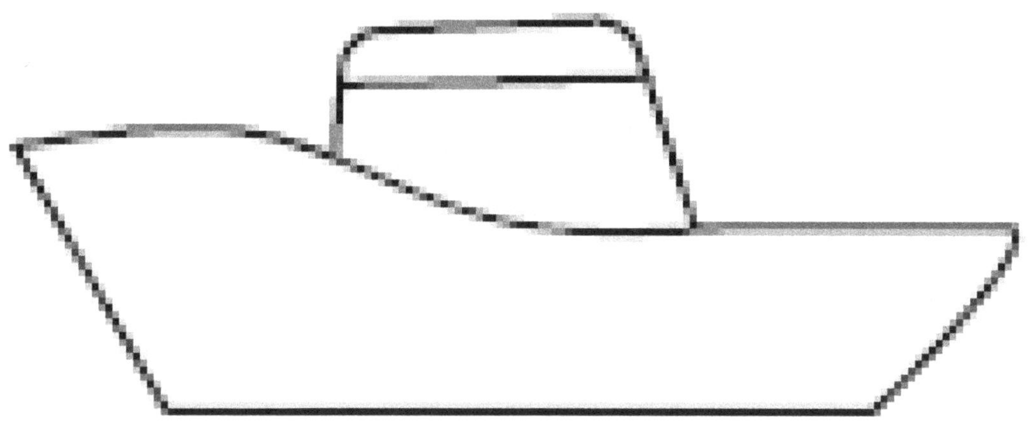

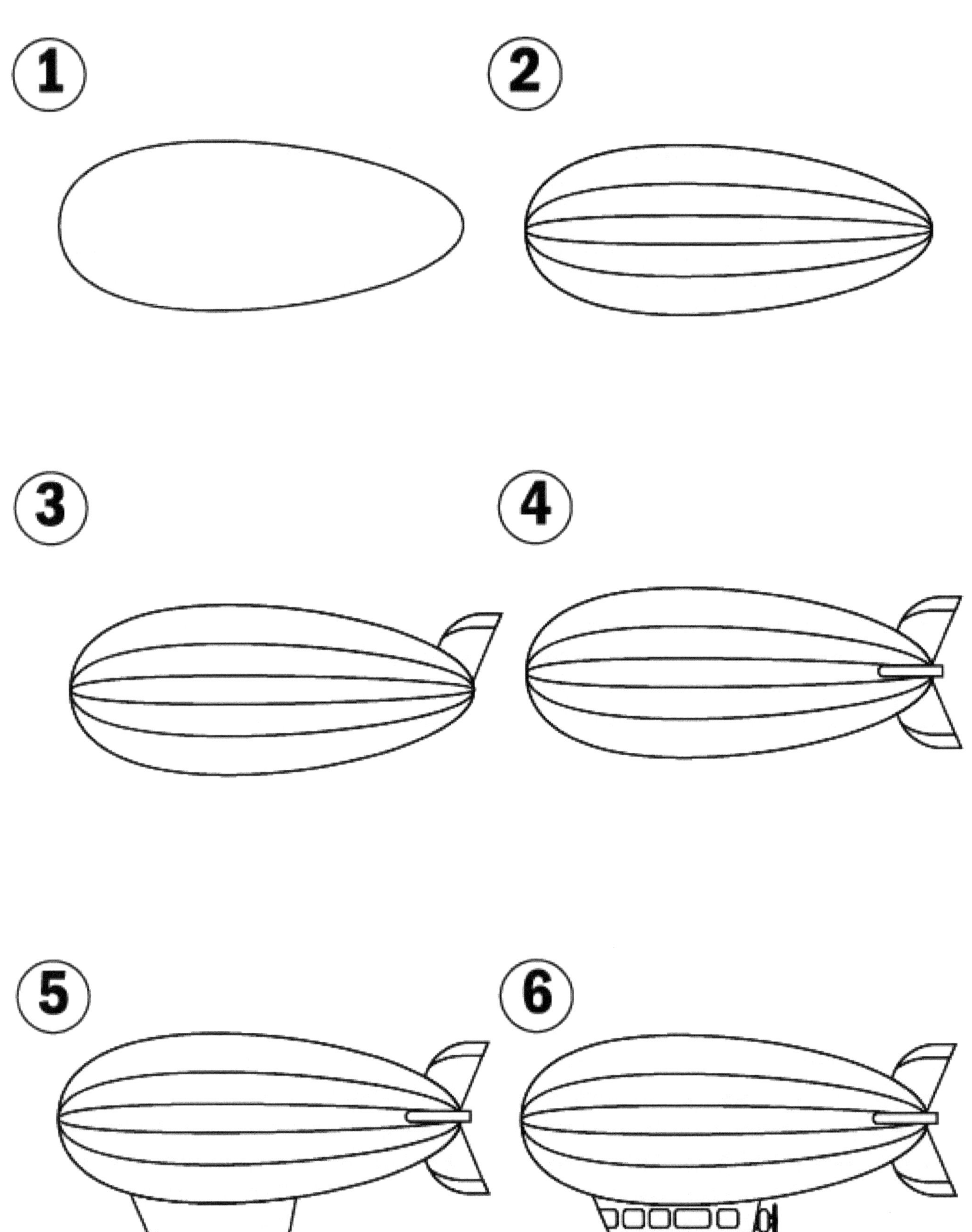

1
2
3
4
5
6

You Turn!

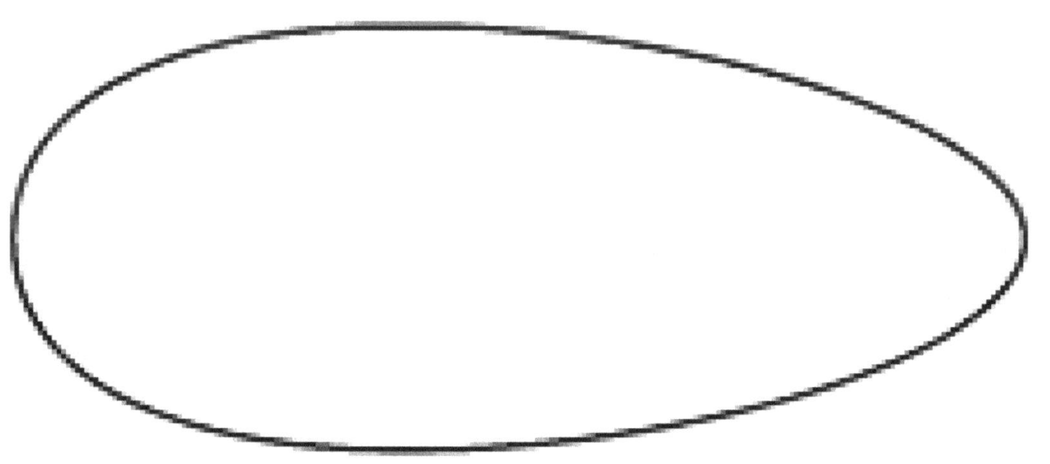

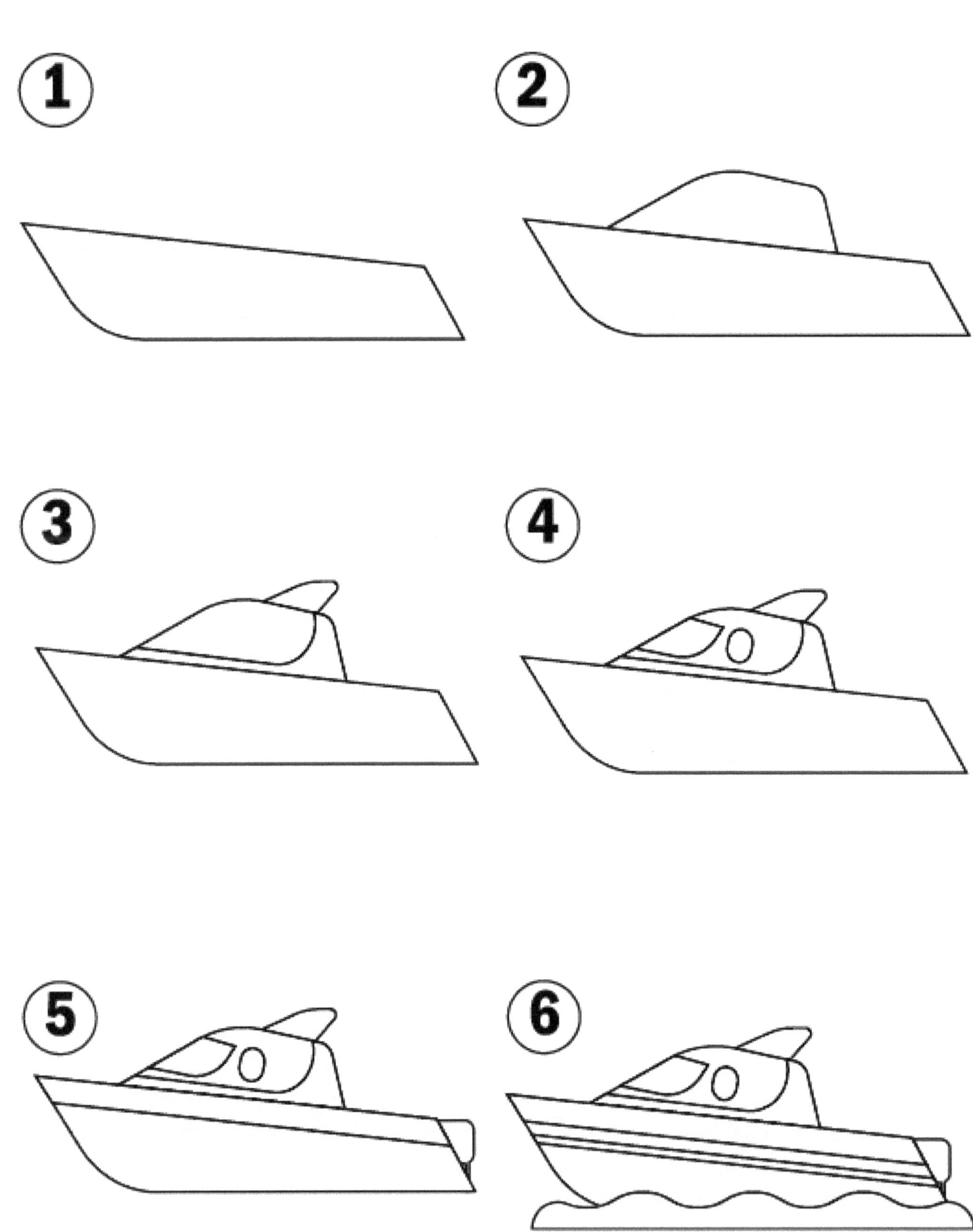

1
2
3
4
5
6

You Turn!

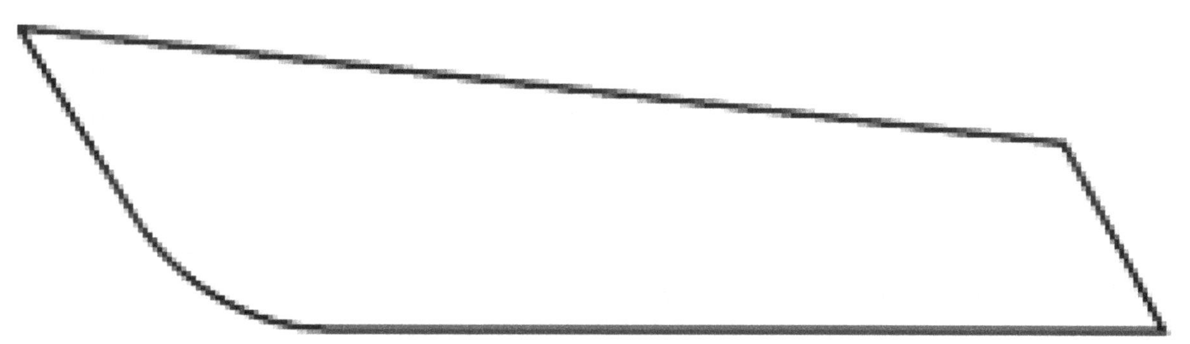

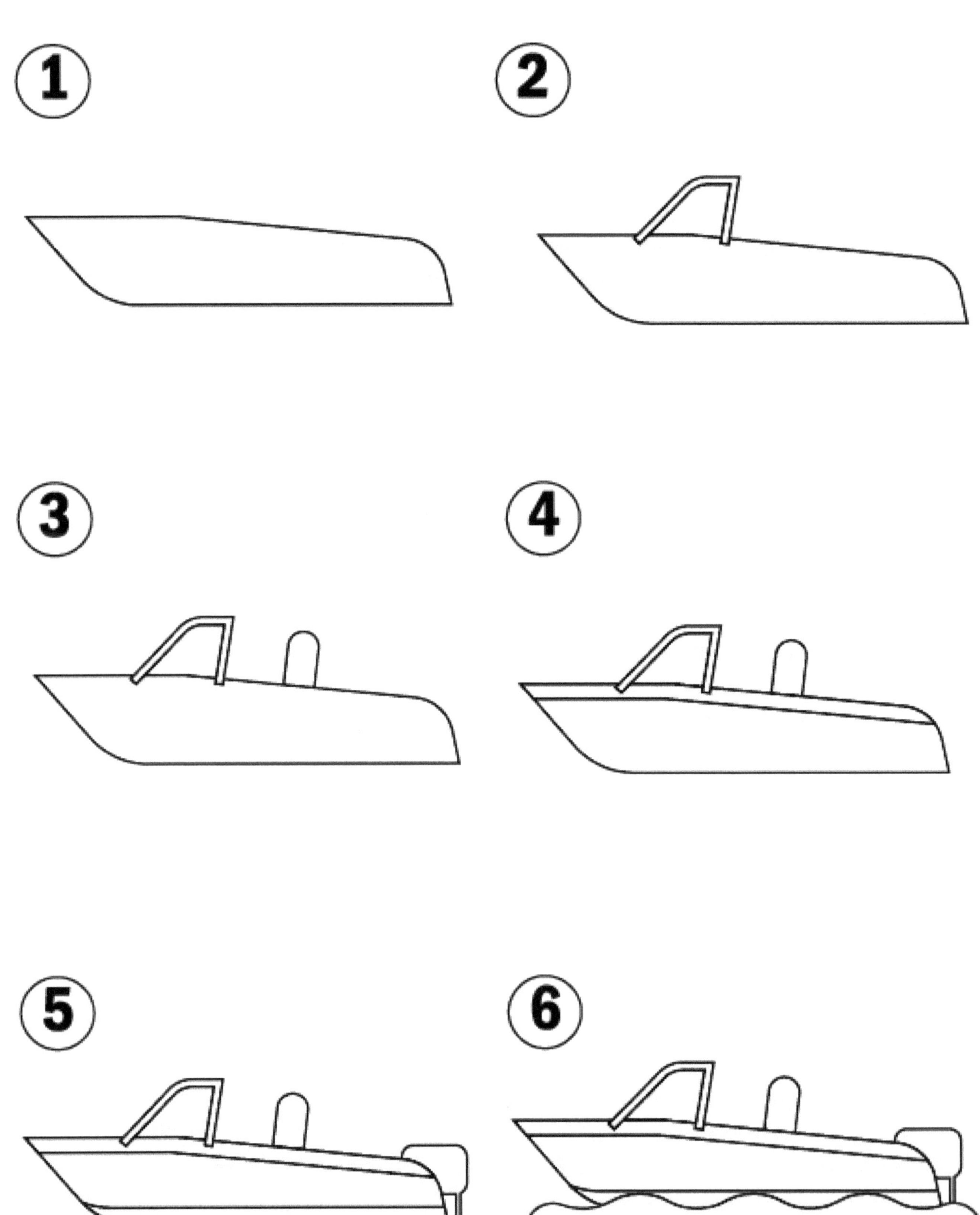

1
2
3
4
5
6

You Turn!

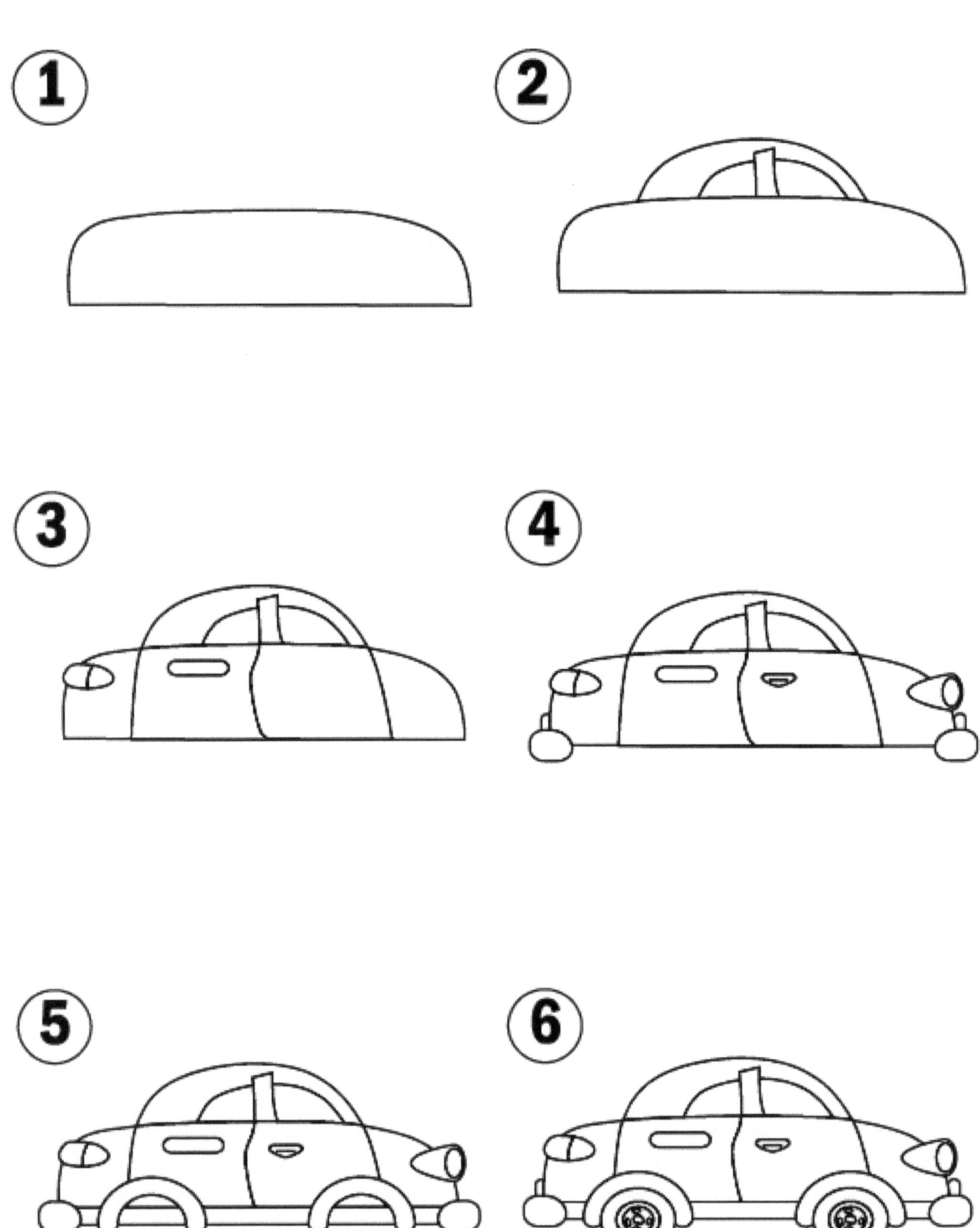

You Turn!

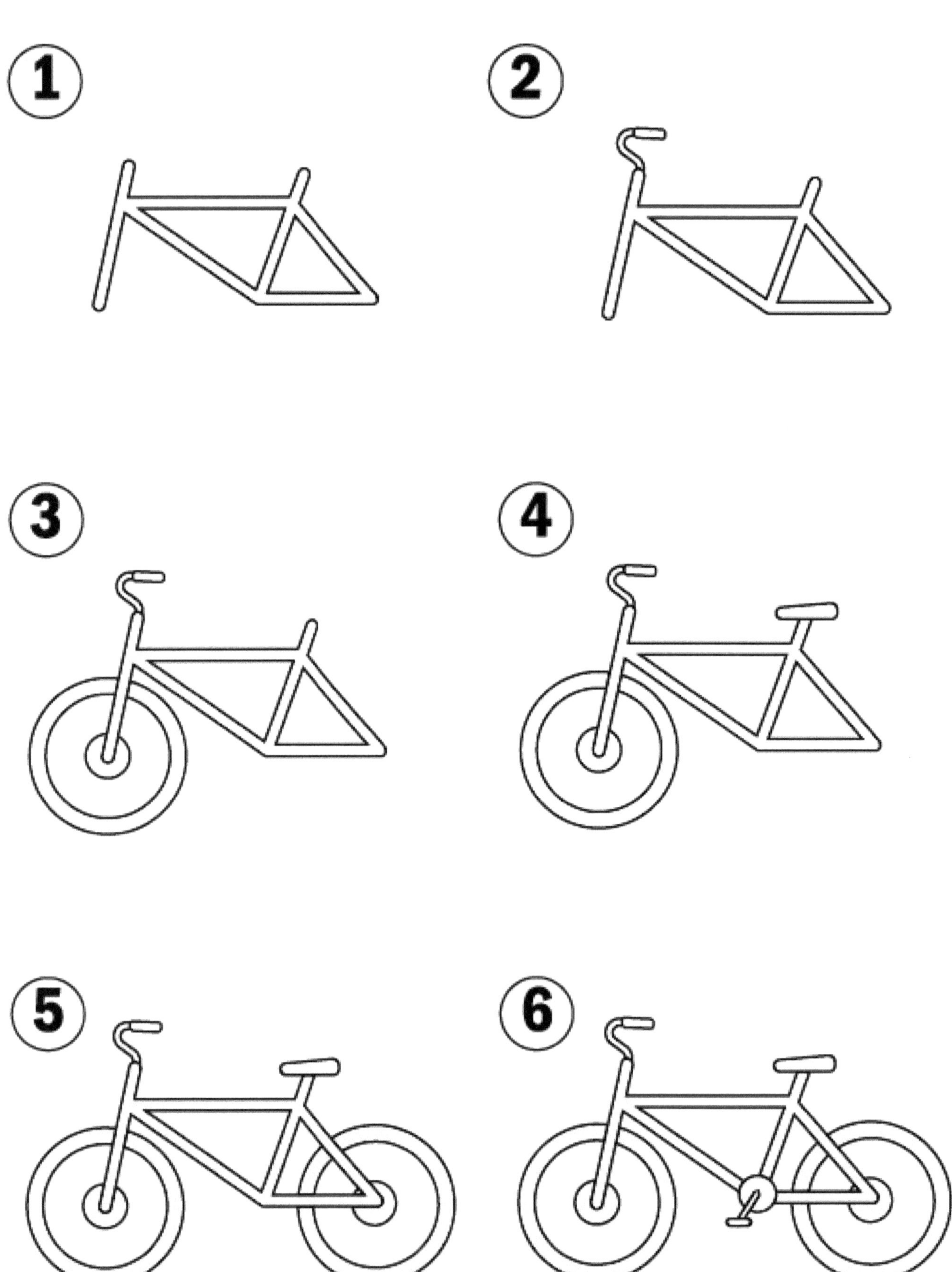

You Turn!

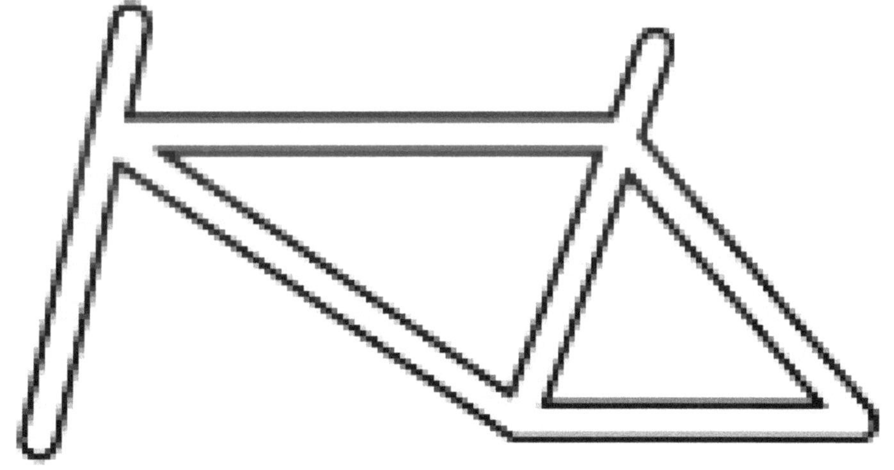

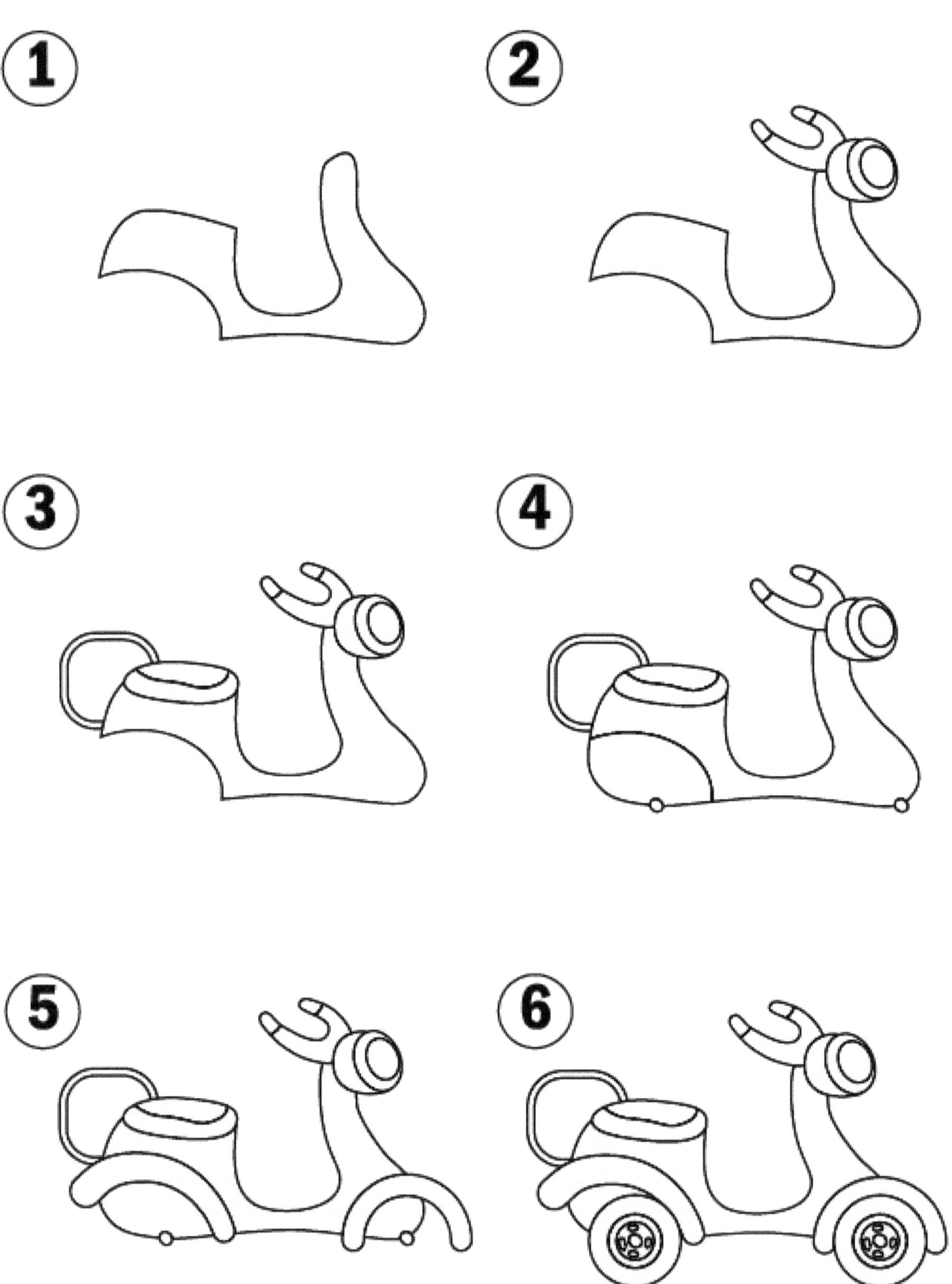

You Turn!

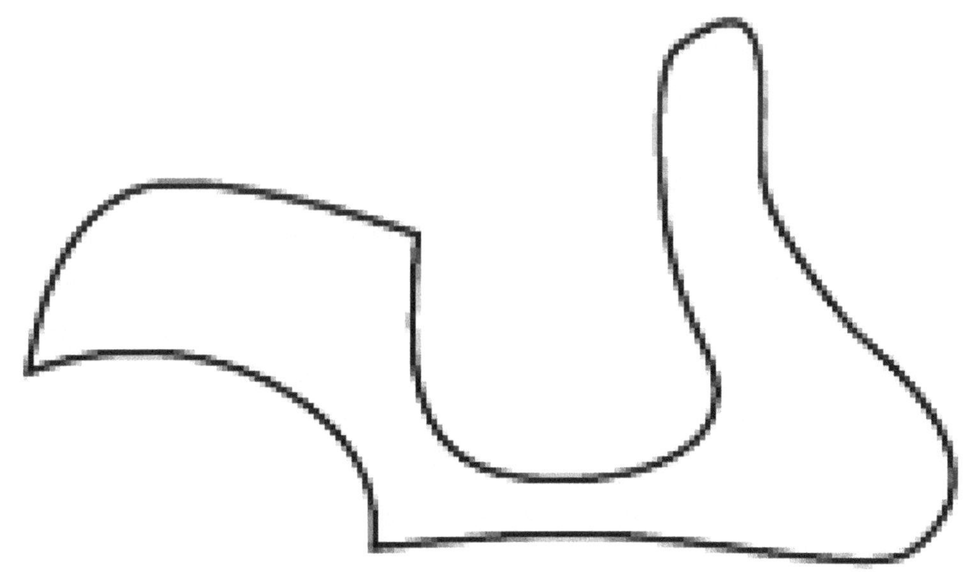

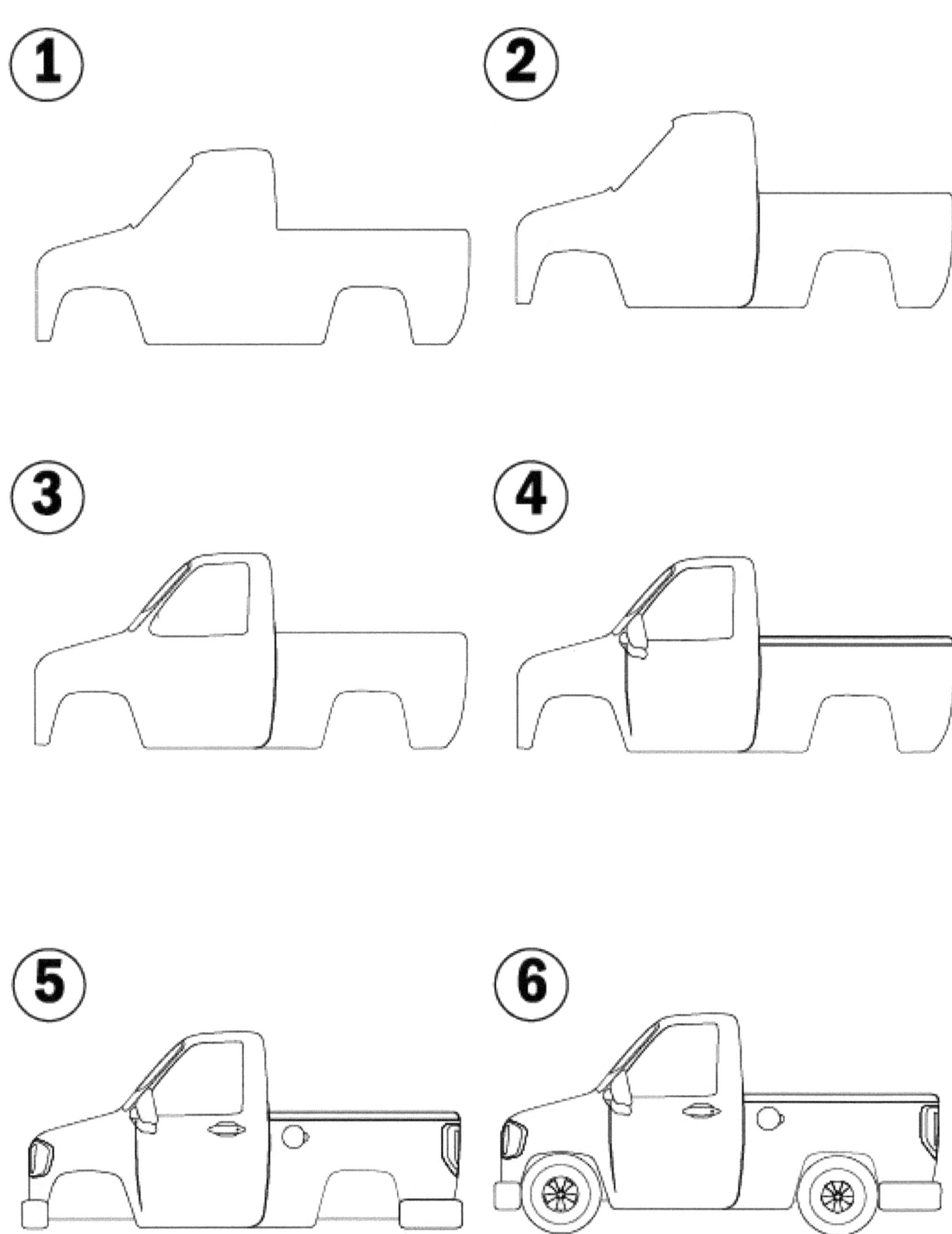

You Turn!

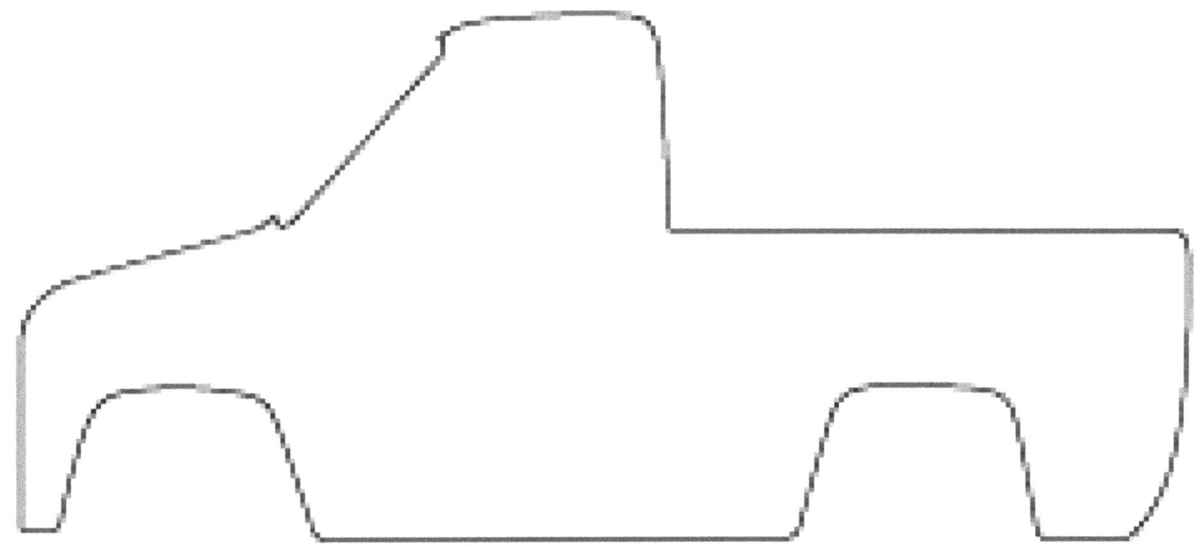

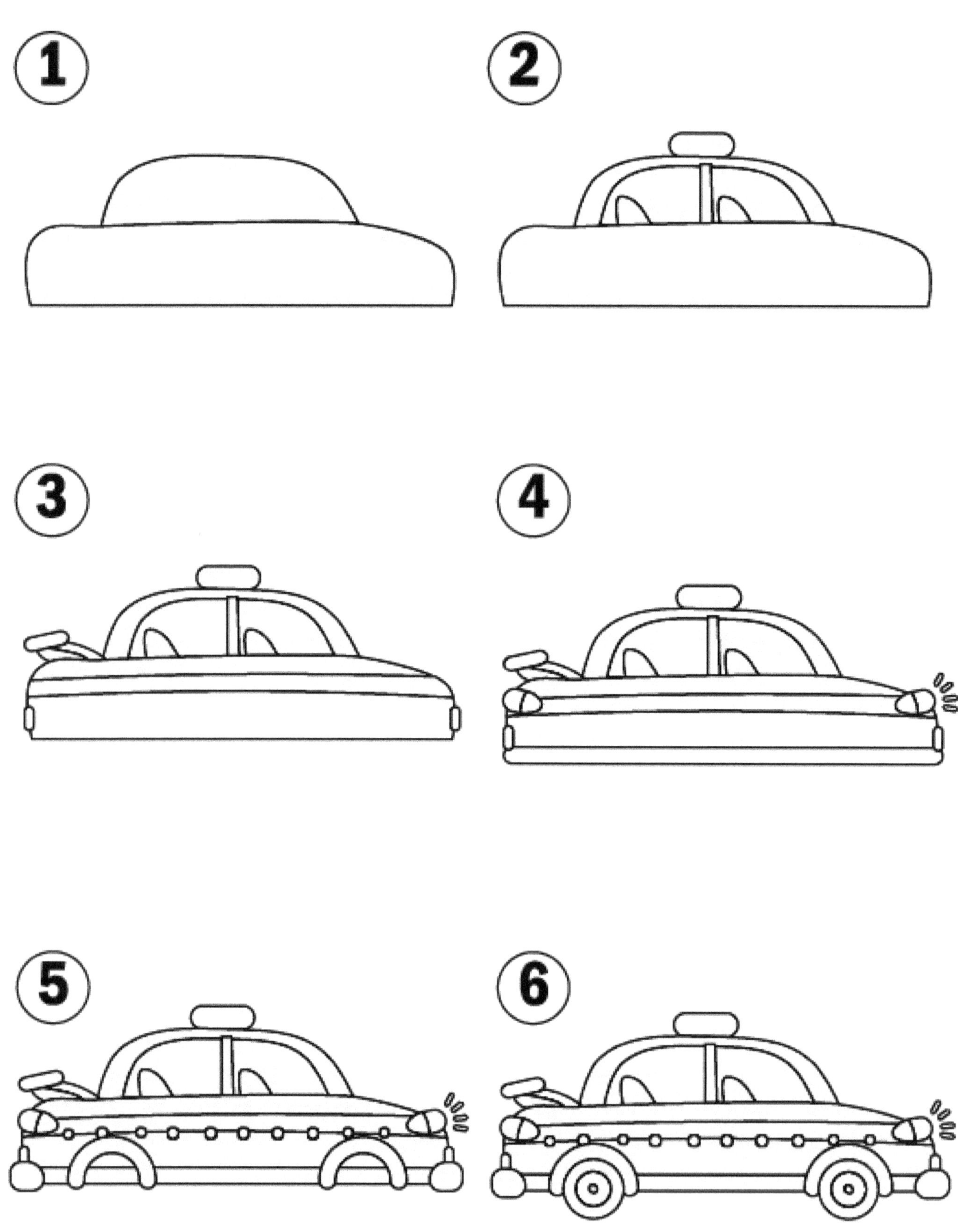

1
2
3
4
5
6

You Turn!

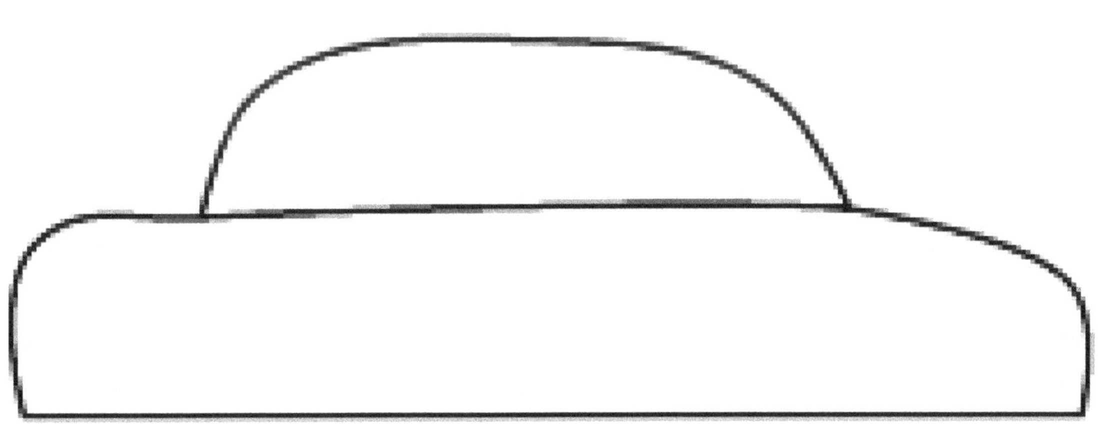

You Turn!

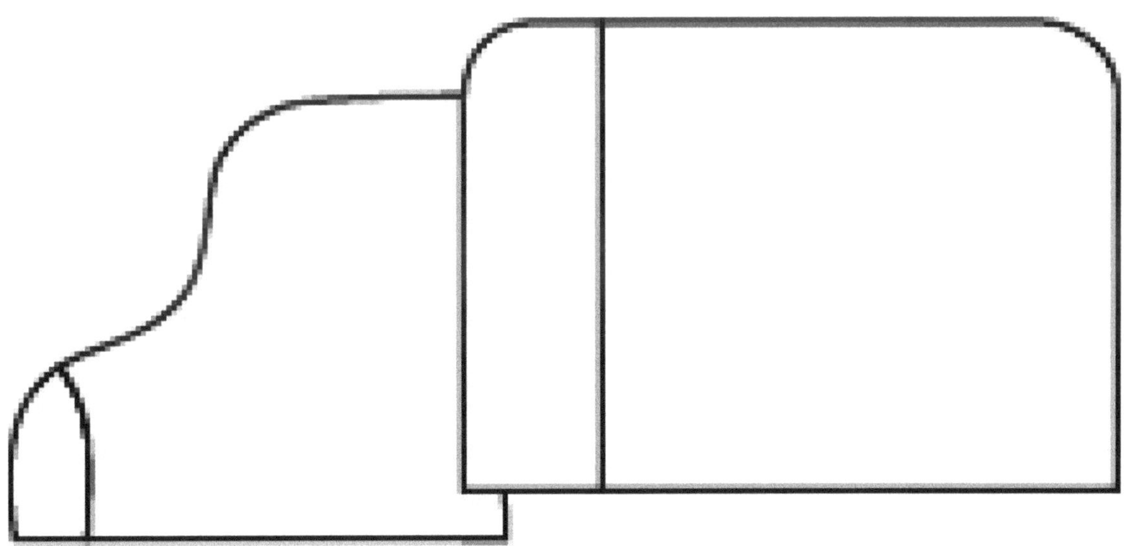

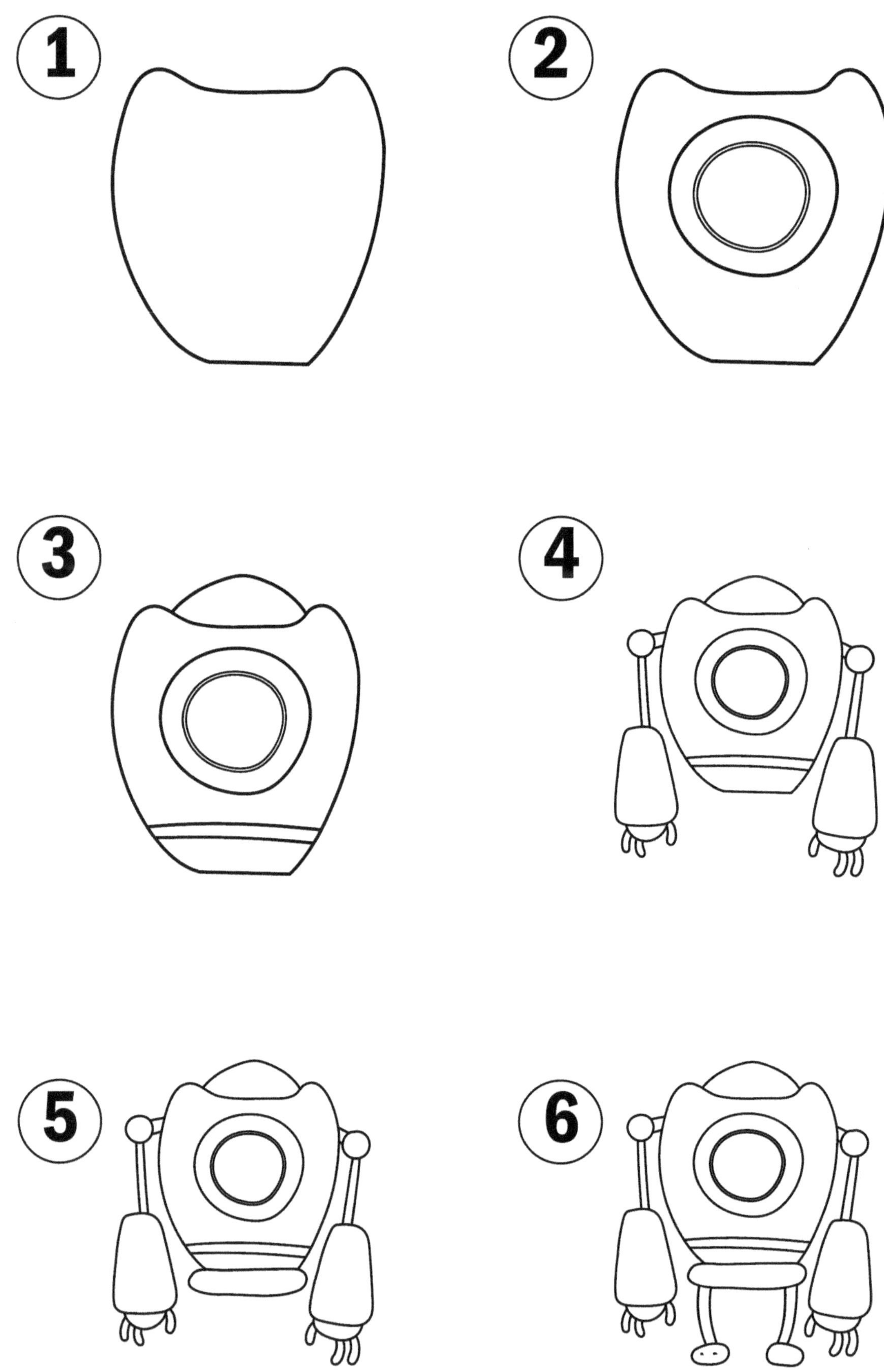

You Turn!

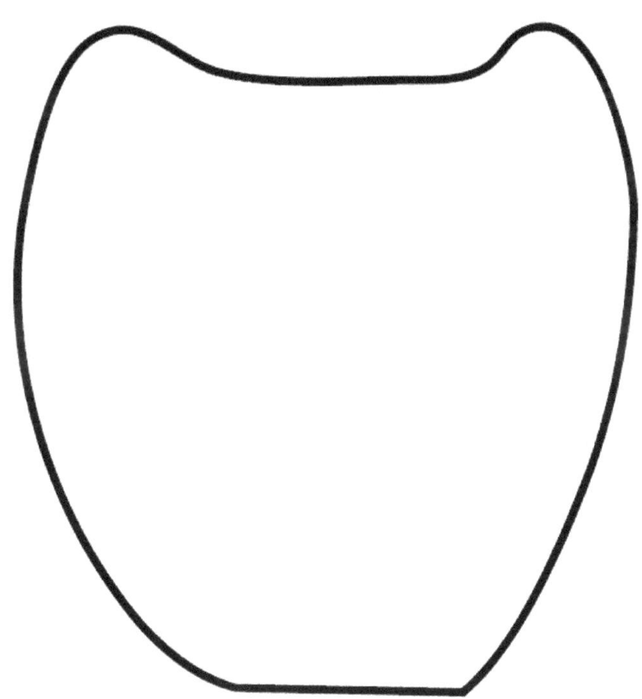

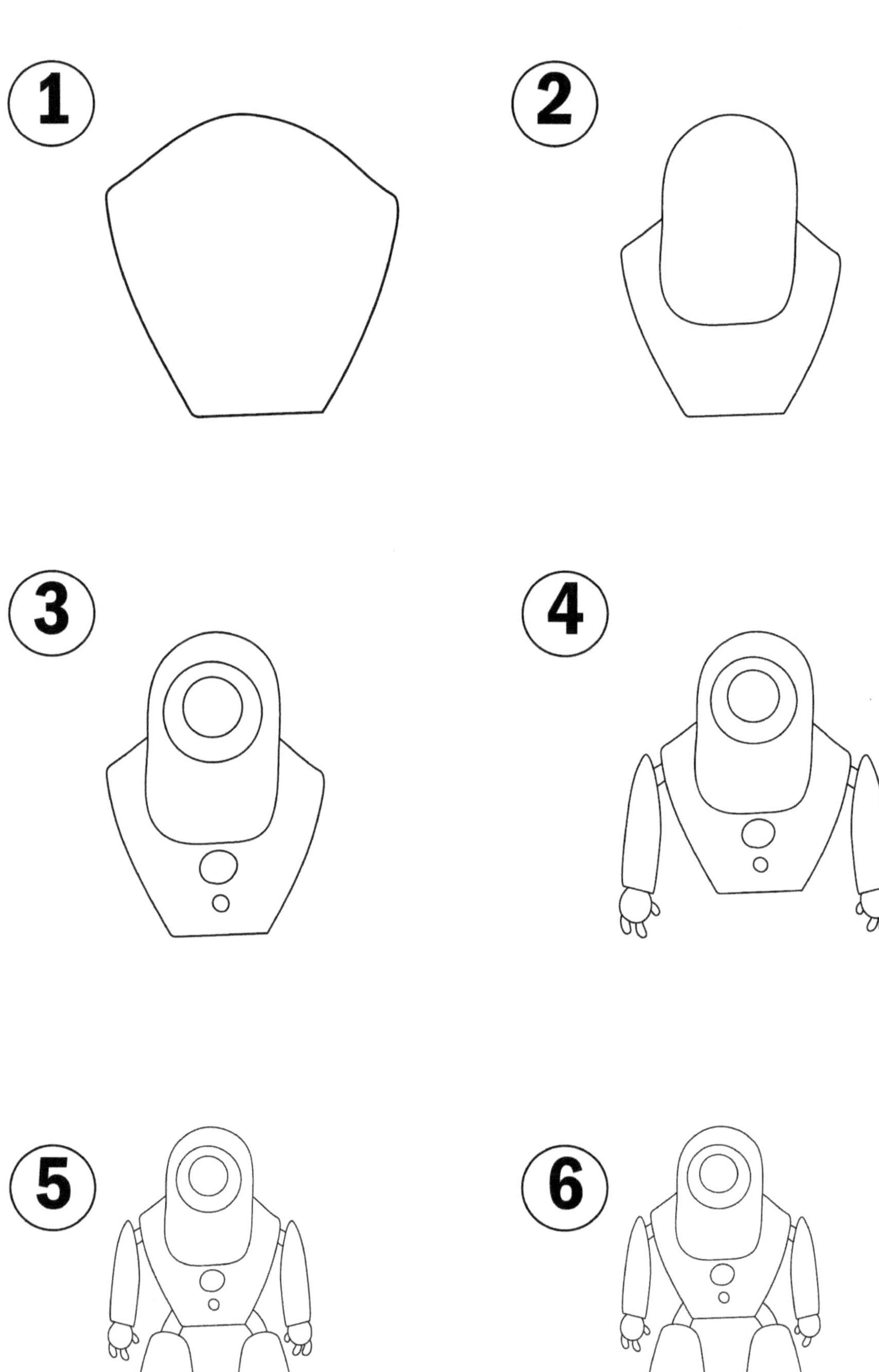

You Turn!

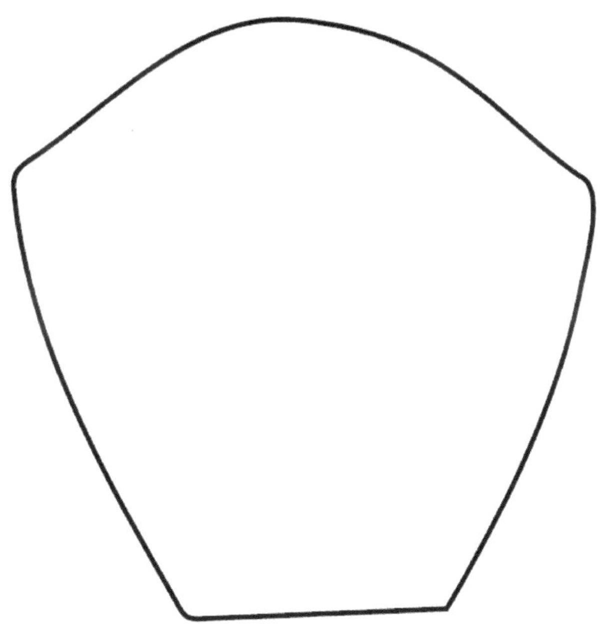

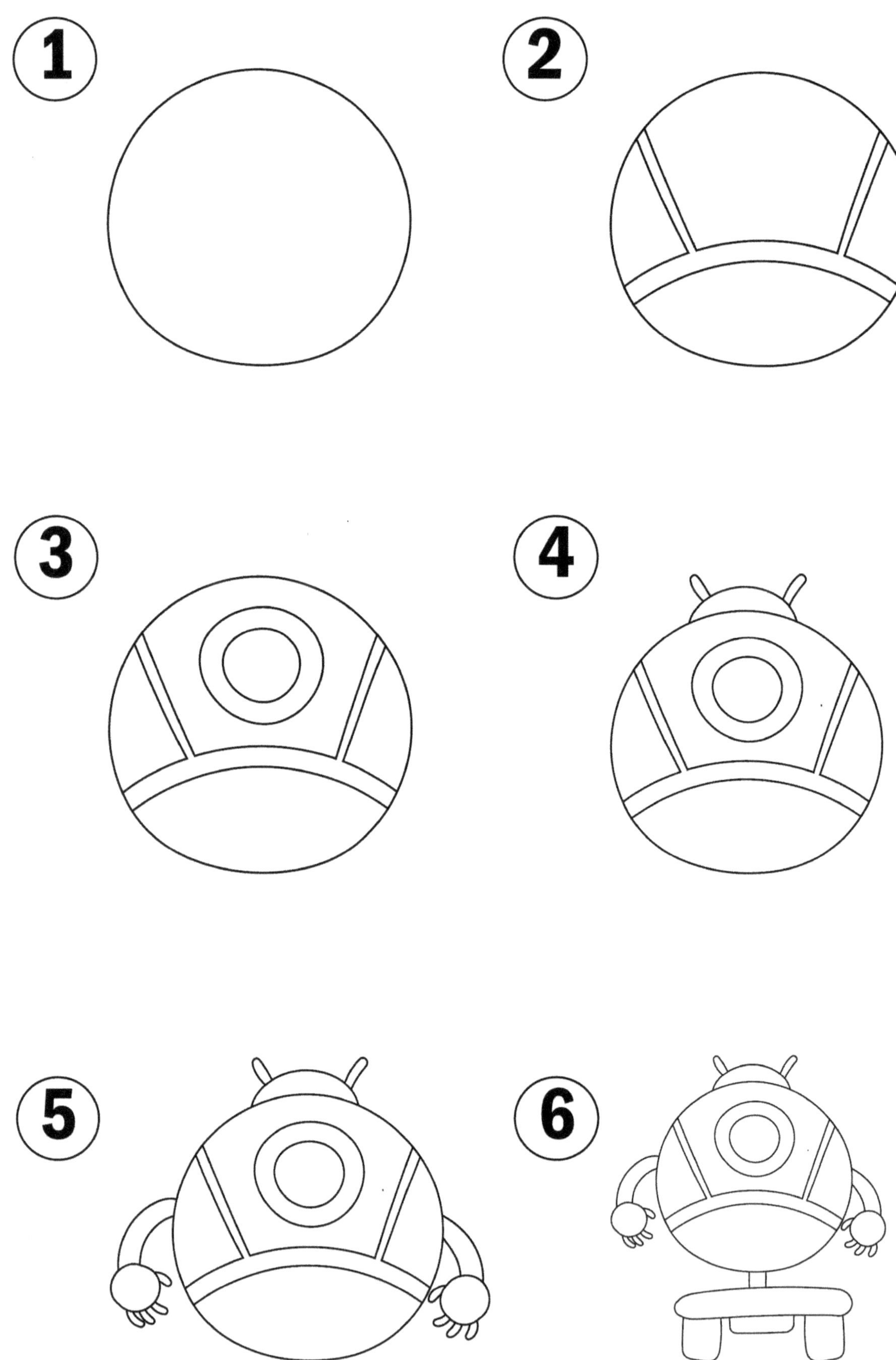

You Turn!

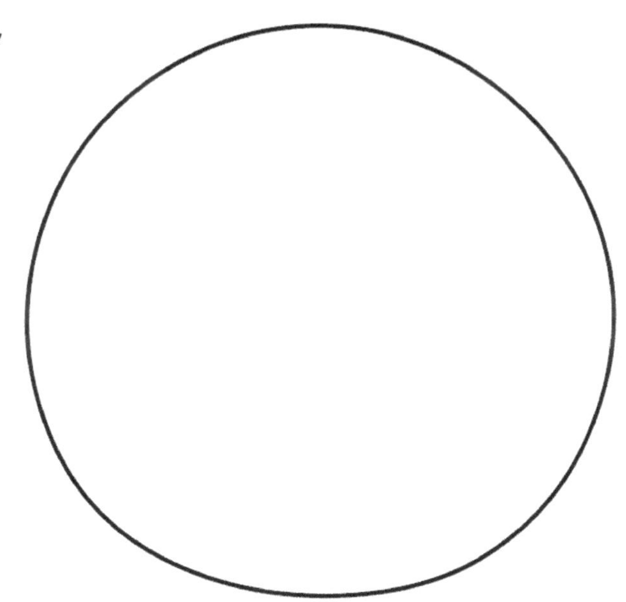

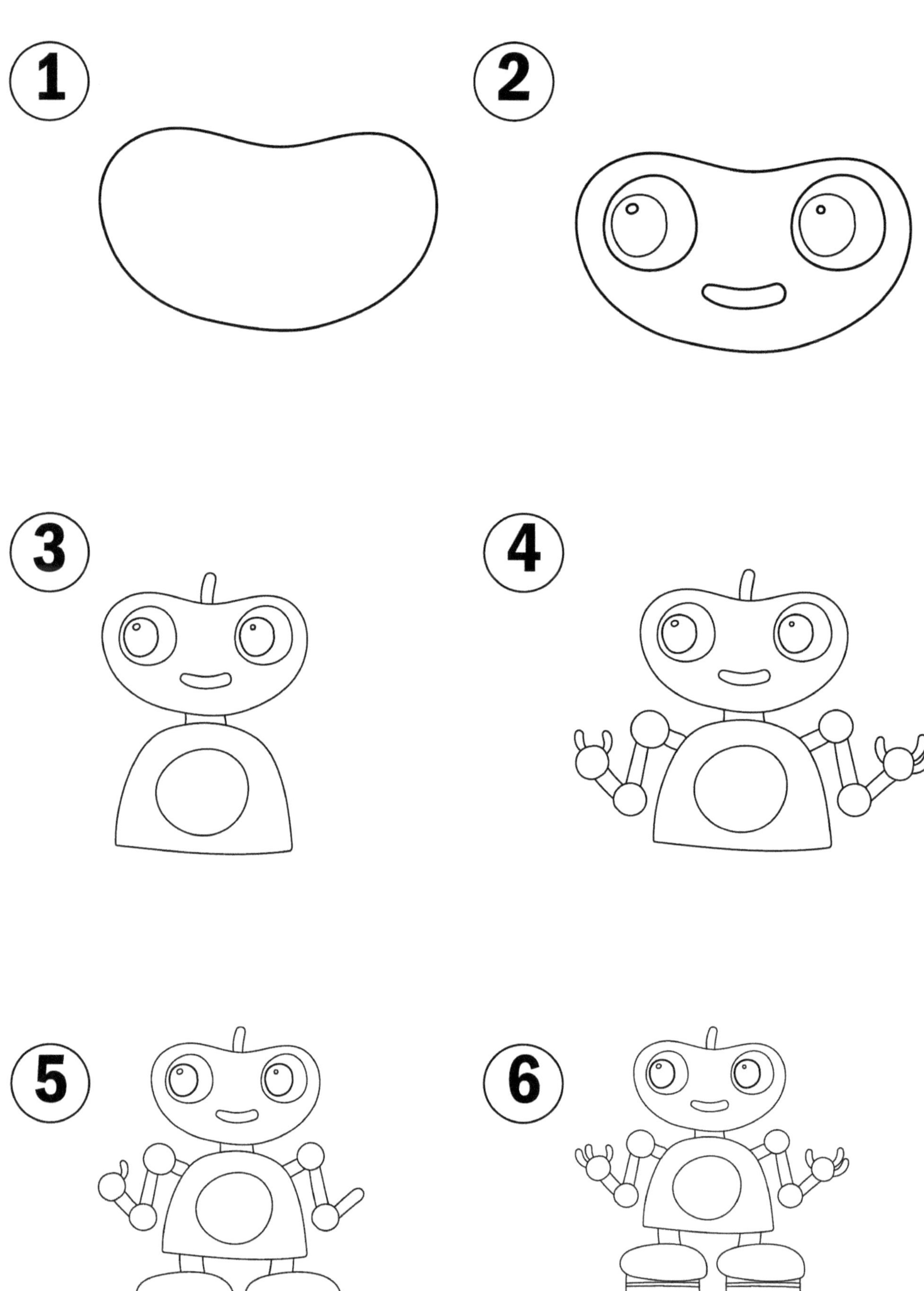

1
2
3
4
5
6

You Turn!

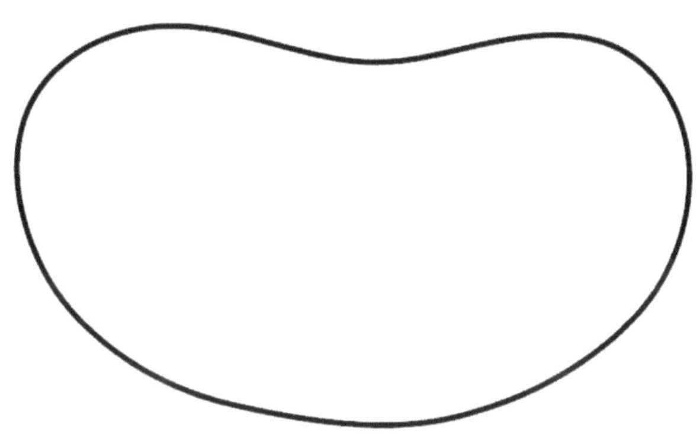

You Turn!

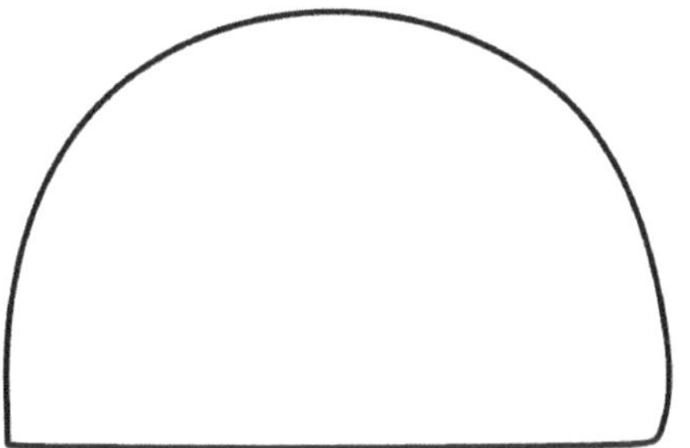

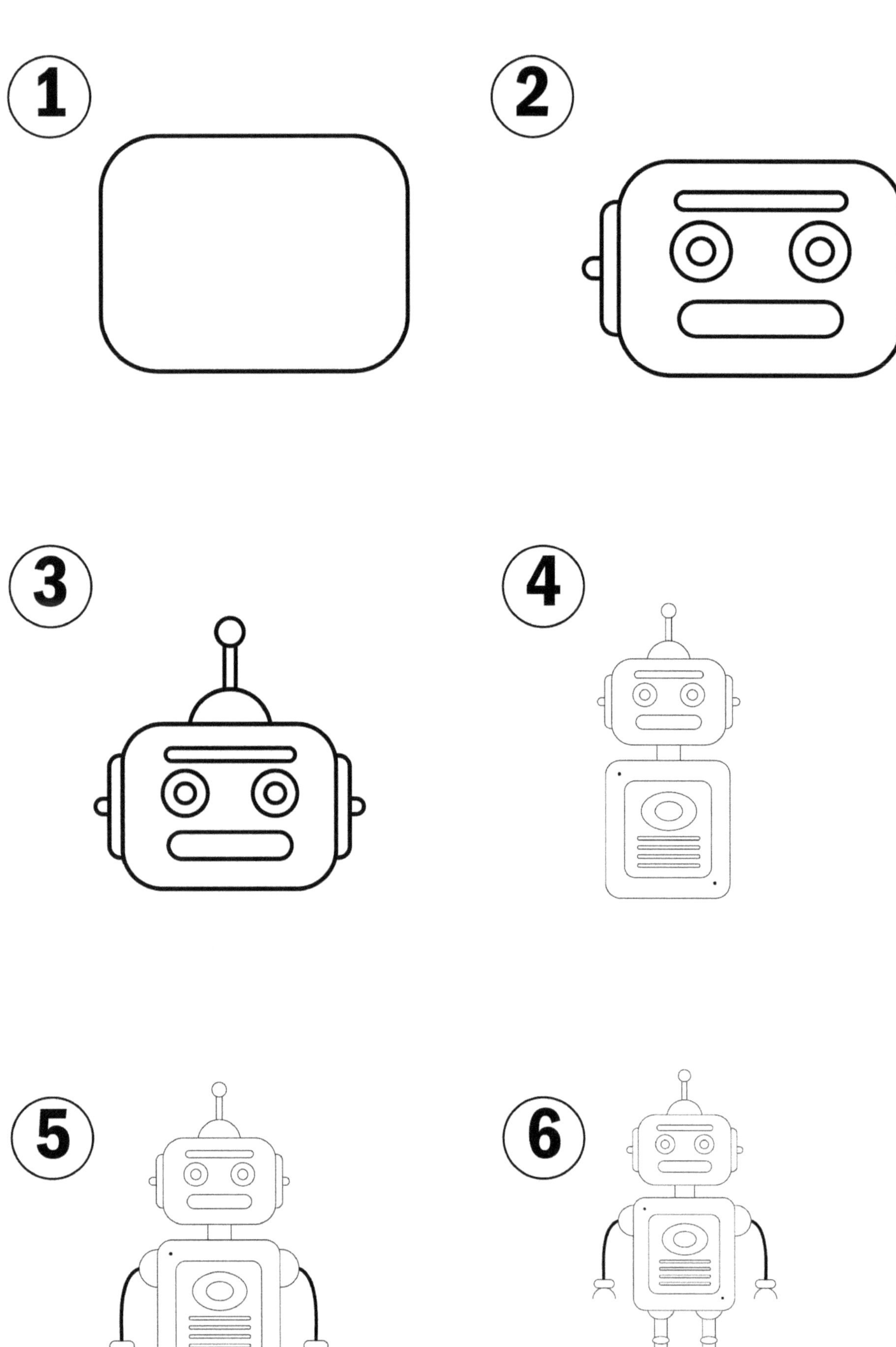

You Turn!

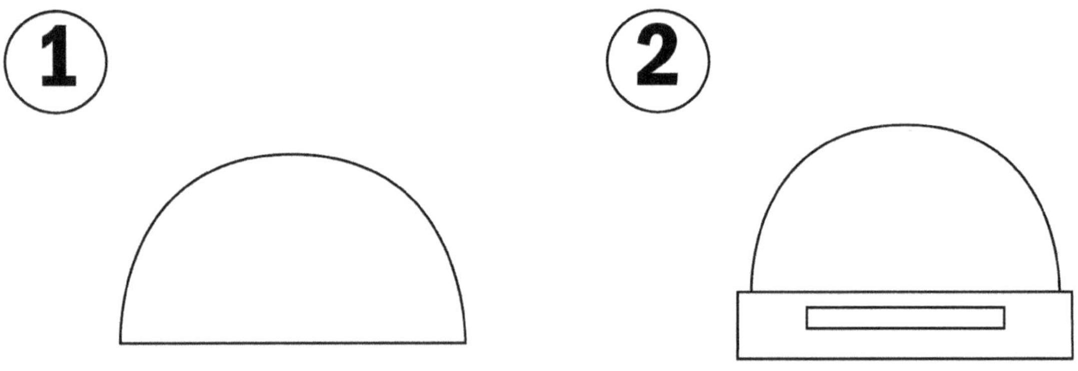

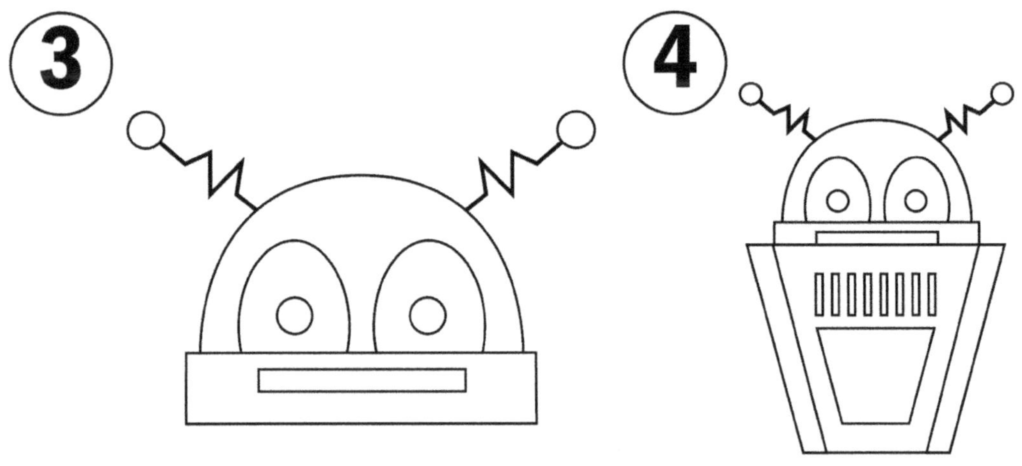

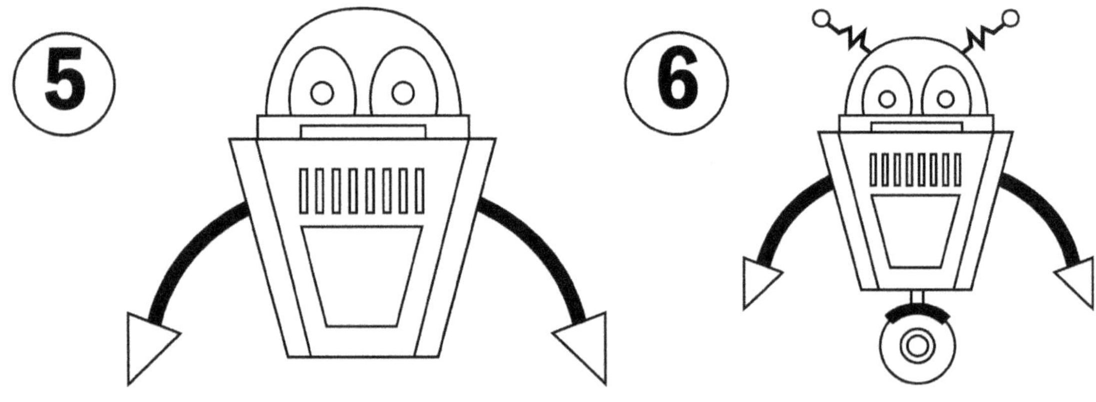

You Turn!

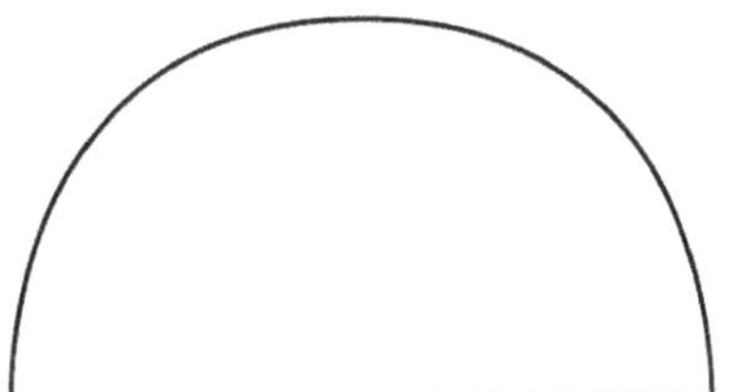

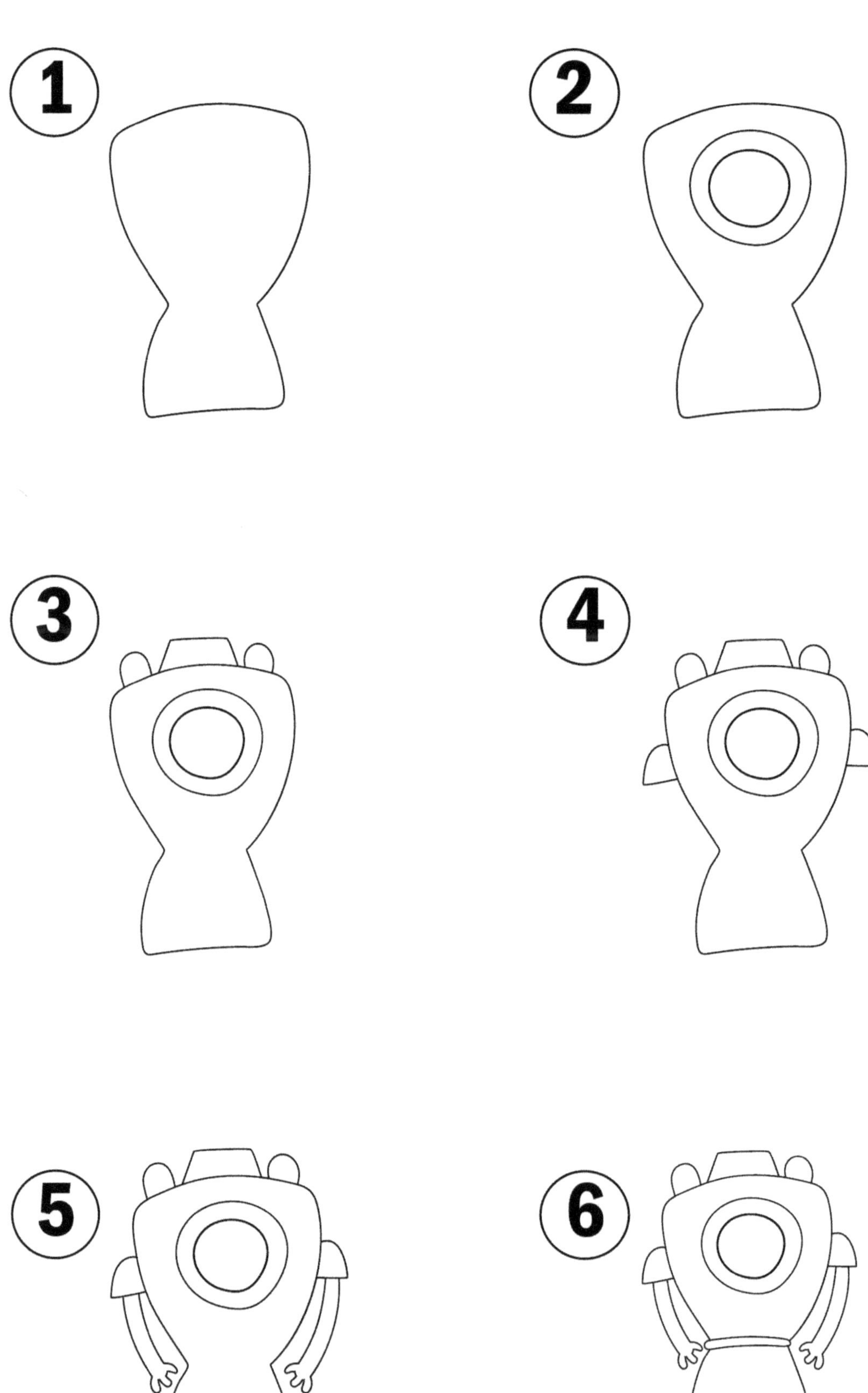

You Turn!

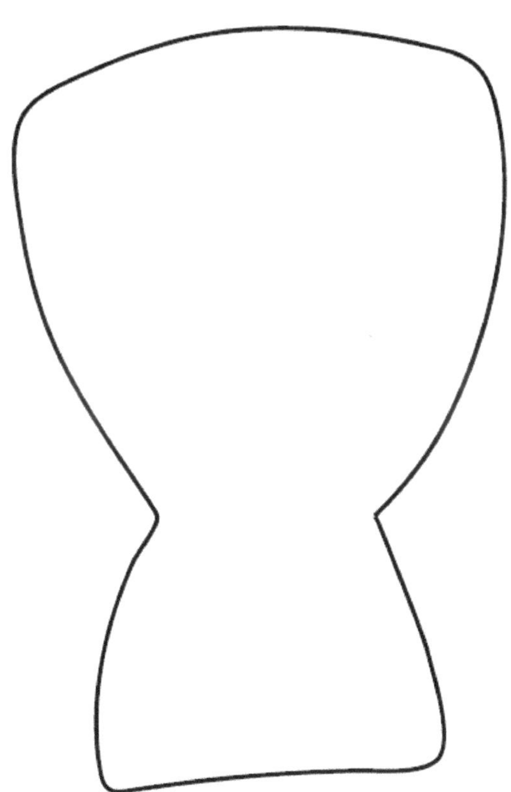

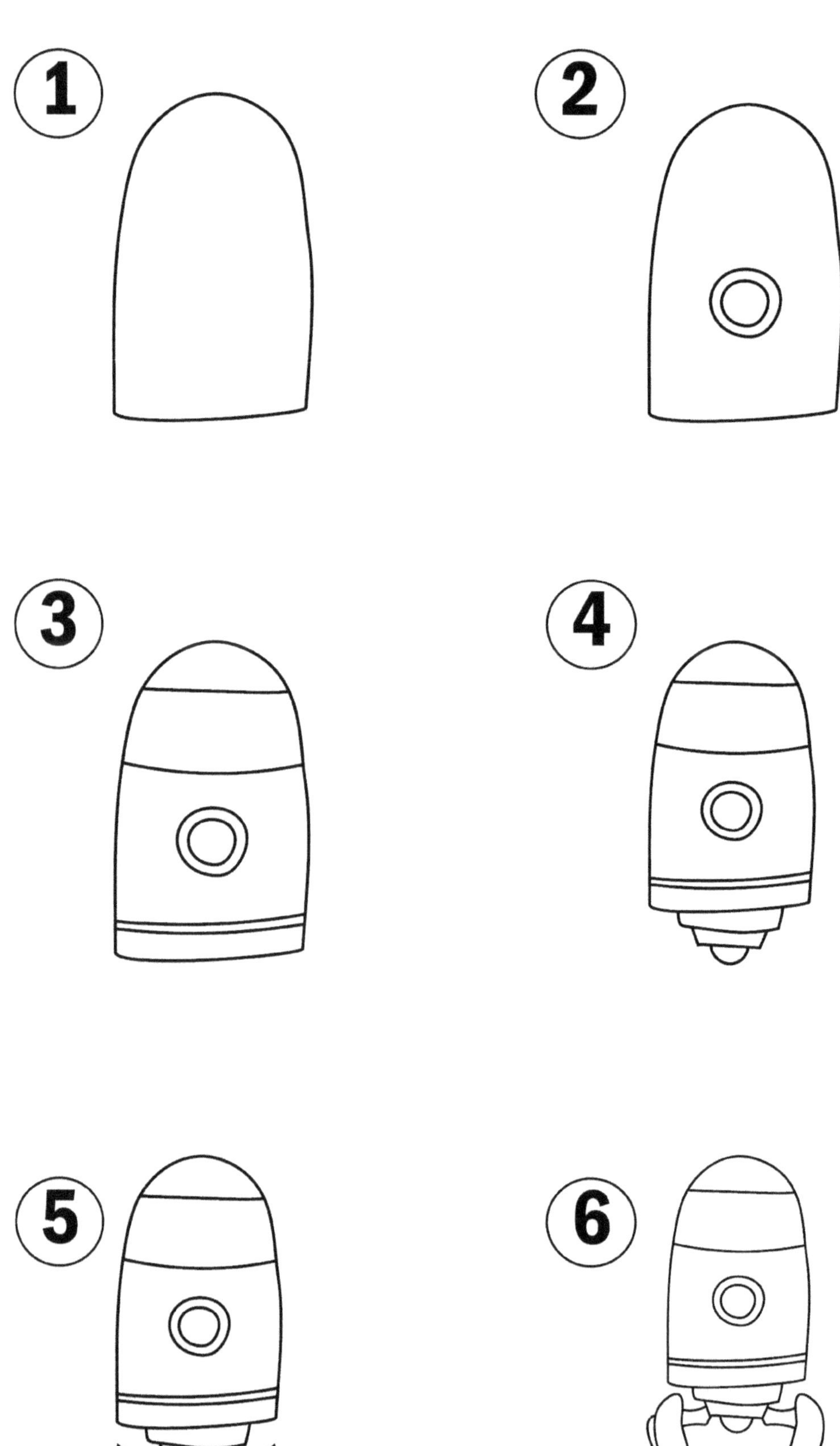

You Turn!

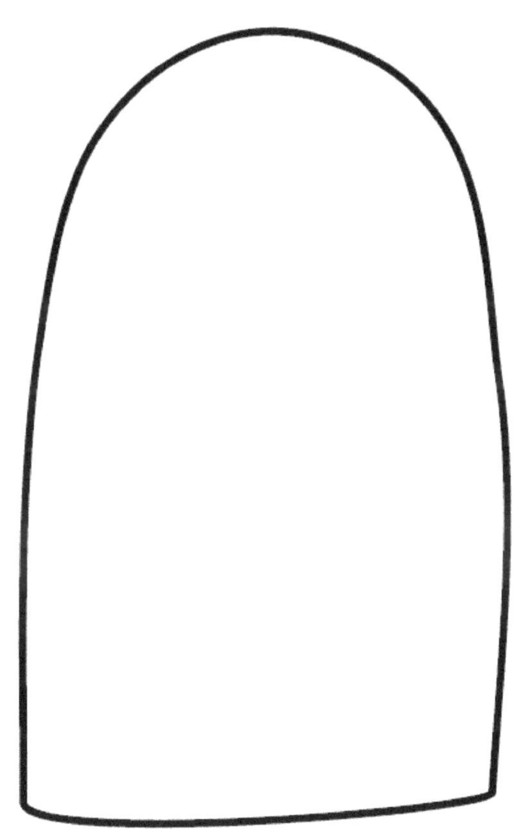

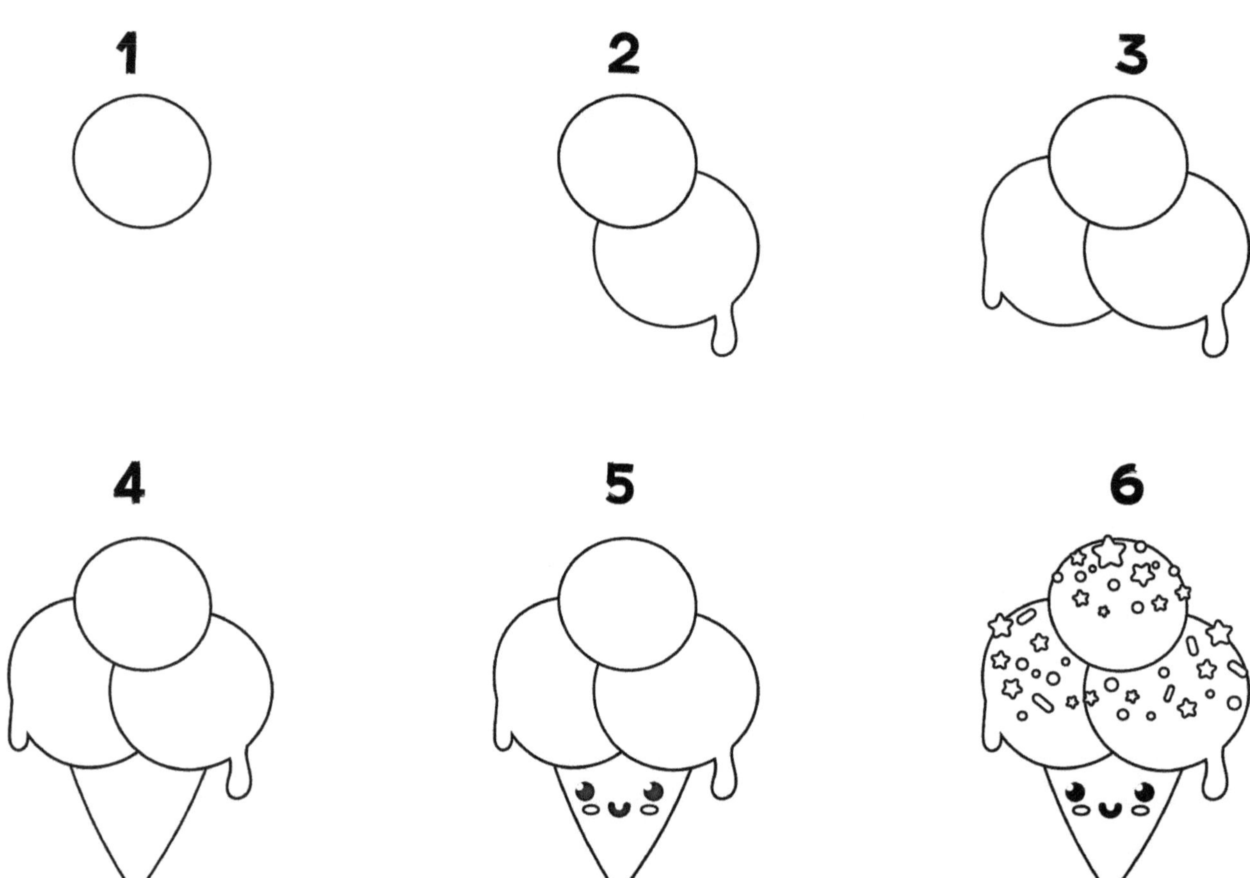

1

2

3

4

5

6

You Turn!

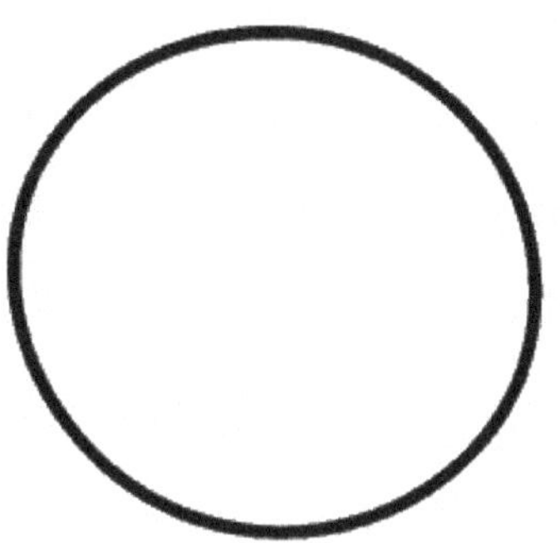

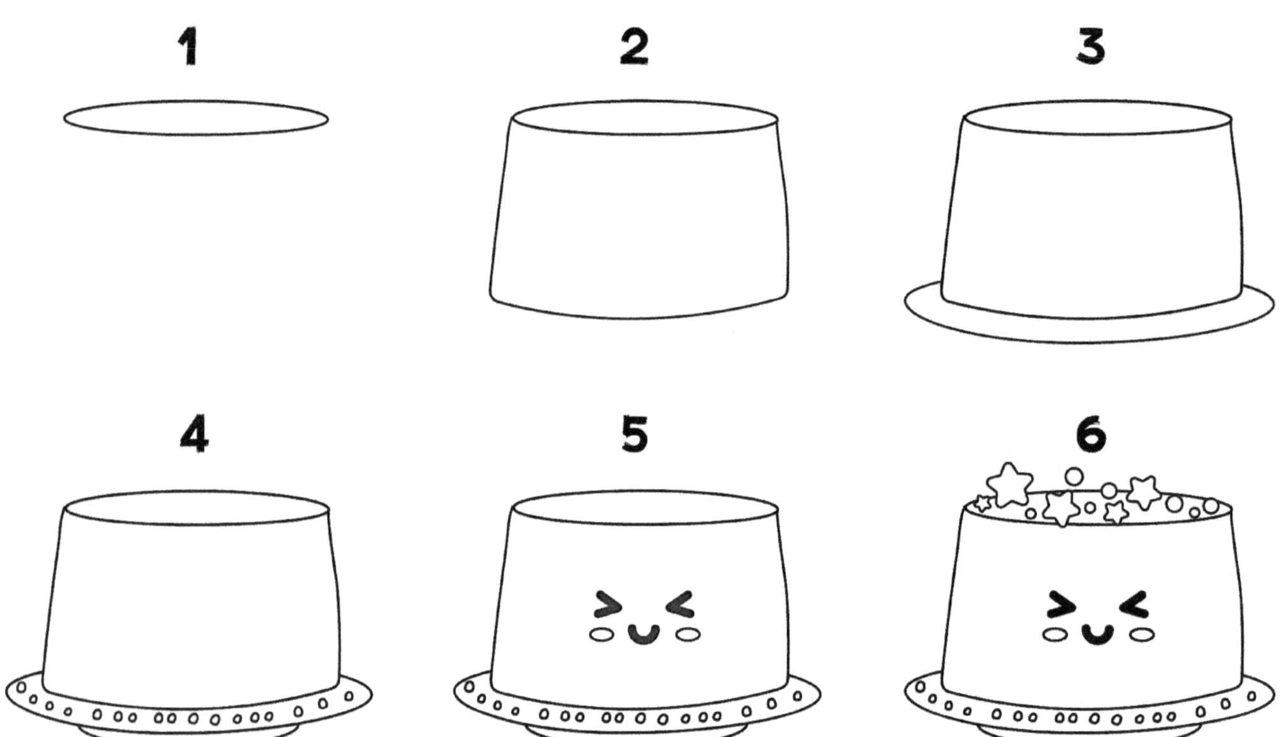
1
2
3
4
5
6

You Turn!

1
2
3
4
5
6

You Turn!

THANK YOU FOR YOUR PURCHASE

Scan the QR Code to Get your Free Coloring Pages

www.ingramcontent.com/pod-product-compliance
Lightning Source LLC
Chambersburg PA
CBHW041816110726
48006CB00019B/2400